U0595826

社会主义核心价值观融入高校心理健康教育研究

欧阳胜权　著

新华出版社

图书在版编目（CIP）数据

社会主义核心价值观融入高校心理健康教育研究 /
欧阳胜权著 . -- 北京：新华出版社，2023.8
ISBN 978-7-5166-6953-2

Ⅰ . ①社⋯ Ⅱ . ①欧⋯ Ⅲ . ①高等学校 - 心理健康 -
健康教育 - 研究 - 中国 Ⅳ . ① G444

中国国家版本馆 CIP 数据核字 (2023) 第 162851 号

社会主义核心价值观融入高校心理健康教育研究

作　　者：欧阳胜权

选题策划：唐波勇
责任编辑：张云杰　　　　　　　　　**封面设计：**优盛文化

出版发行：新华出版社
地　　址：北京石景山区京原路 8 号　　　**邮　　编：**100040
网　　址：http://www.xinhuapub.com
经　　销：新华书店、新华出版社天猫旗舰店、京东旗舰店及各大网店
购书热线：010-63077122　　　　**中国新闻书店购书热线：**010-63072012

照　　排：优盛文化
印　　刷：石家庄汇展印刷有限公司

成品尺寸：170mm×240mm
印　　张：14.5　　　　　　　　　　**字　　数：**200 千字
版　　次：2023 年 8 月第一版　　　　　**印　　次：**2023 年 8 月第一次印刷

书　　号：ISBN 978-7-5166-6953-2
定　　价：88.00 元

"办好中国特色社会主义大学，要坚持立德树人，把培育和践行社会主义核心价值观融入教书育人全过程。"①开展社会主义核心价值观融入高校心理健康教育的研究，有助于社会主义核心价值观在高校的落细落小落实。党的二十大报告明确要推进健康中国建设，并高屋建瓴地指出"人民健康是民族昌盛和国家强盛的重要标志。把保障人民健康放在优先发展的战略位置，完善人民健康促进政策"。心理健康教育是高校学生心理健康建设的重要途径，心德双育是中国特色心理健康教育的旨归。社会主义核心价值观"既是个人的德，也是一种大德，就是国家的德、社会的德"。由此可见，社会主义核心价值观融入心理健康教育也是新时代心理健康教育题中应有之义，不仅有利于丰富心理健康教育的理论和内容，而且有利于促进高校心理健康教育的特色化发展和心理育人目标的实现。

　　目前，社会主义核心价值观融入高校心理健康教育的学理基础、现状分析、主要内容、具体路径等方面还缺乏深入、全面、系统的研究。这在一定程度上影响了融入成效。本研究通过系统阐述社会主义核心价值观融入高校心理健康教育的学理基础、现状调查、基本原则、主要内容和主要路径，对社会主义核心价值观以及内蕴的马克思主义理论和中华优秀传统文化有机融入心理健康教育进行了充分论证，又为融入提供了理论依据和实践参考，拓展了社会主义核心价值观融入高校教书育人全过程的途径，丰富了高校心理健康教育的理论和内容，促进了"育心与育德相统一"的心理育人目标的实现，对

<hr />

① 习近平"坚持立德树人"为高校党建"定调"[EB/OL].[2014-12-30].http://cpc.people.com.cn/pinglun/n/2014/1230/c241220-26301108.html.

高校心理育人体系和中国特色心理健康教育理论的构建进行了积极探索。

本书对融入学理基础的论证力求既有全面性又有深入性，通过对心理健康教育的指导思想、学科性质、本土化发展趋势、当代主流心理学理论中蕴含的价值观以及社会主义核心价值观对心理健康的促进作用等多维分析和全面阐释，为社会主义核心价值观融入高校心理健康教育提供了学理依据，丰富了中国特色心理健康教育理论。

本书在研究方法上实现了定量研究和定性研究的充分结合，通过对涉及全国东部、中部、西部等不同地区的18个省、自治区和直辖市的305名心理健康教师进行了问卷调查和深度访谈，详细阐述了社会主义核心价值观融入高校心理健康教育中的课堂教学、心理健康教育实践活动、心理咨询的现状和心理健康教师践行社会主义核心价值观的情况。本研究客观地呈现和比较全面地分析了社会主义核心价值观融入高校心理健康教育的现状以及高校心理健康教育对于社会主义核心价值观融入的需求，为社会主义核心价值观精准融入教育教学全过程和落细落小落实提供了参考，也为通过定量分析方法在其他领域进行社会主义核心价值观的深度融入提供了借鉴。

本书对融入原则的探讨力求科学严谨且具有现实参考价值。该研究分别从融入的理念、内容、方法、方式和主体五个方面全面论证了社会主义核心价值观融入高校心理健康教育要遵循的基本原则。融入理念上秉持社会主义核心价值观主导与多元价值观补充的原则，融入内容上力求中国化与世界性相结合，融入方法上坚持价值引领与价值中立相结合，融入方式上坚持尊重规律与因势利导相结合，融入主体上坚持全员参与自我教育相结合。融入原则的界定，为提高社会主义核心价值观的入脑入心入行的培育和践行的成效提供了基本保障。

本书对融入主要内容的研究力求实现丰富性和针对性。研究主要结合教育部制定的高校心理健康教育相关文件精神，全面深入地阐述了社会主义核心价值观融入心理健康教育的主体内容。通过聚焦人格培养、压力管理、人际交往、学习心理、生涯规划以及生命教育等与高校学生心理健康和全面发展密切相关的主要内容，阐述了将社会主义核心价值观的国家价值目标、社会价值取向和个人价值准则，尤其是个人层面的爱国、敬业、诚信、友善的主旨要义融入心理健康教育主要内容的具体内涵和深远意义，实现了社会主义核心价值观与心理健康教育内容深度融合，使学生在心理健康教育中浸润式理解社会主义核心价值观，在维护心理健康的过程中自觉践行社会主义核心价值观；使高校心理健康教育内容更加具有中国特色和时代特点，有助于丰富高校心理健康教育的内容，从而更好地满足高校学生心理健康和全面发展的需要。

在融入路径的构建上力求系统性和可操作性兼备。本书系统地阐释了立足于高校心理健康教育课程教学、心理健康教育实践活动、心理咨询、心理危机干预等主要融入路径。通过教案编写、课堂教学和课后实践融入课堂教学；通过活动方案设计、前期宣传和丰富内容融入心理健康教育实践活动；通过目标设计、理论选择、内容开展和心理咨询师的身体力行融入高校心理咨询；通过危机预防、危机干预和危机善后处置三个环节融入心理危机干预；通过细化高校心理健康教师践行内涵、完善人格修养和提升执业能力三个方面发挥心理健康教师践行示范作用。融入路径的系统论证，增强了社会主义核心价值观融入高校心理健康教育的可操作性。

目录

第一章　绪论

习近平指出，"核心价值观，承载着一个民族、一个国家的精神追求，体现着一个社会评判是非曲直的价值标准。"①目前，社会主义核心价值观在融入包括高等教育在内的社会各方面都取得了很多成果，但要实现"融入教书育人全过程"的目标，仍需继续努力。

心理健康教育是思想政治教育的重要内容，受到政府和学界的普遍关注，社会需求也呈增长趋势。随着党和政府关于心理健康教育目标、任务和内容的科学阐述以及时代发展、社会变迁和实践探索的多重建构，心理健康教育的内涵不断得到丰富和发展。我国心理健康教育经过多年的发展，在优化心理素质、缓解心理压力以及心理危机干预方面发挥了积极作用。在现实生活中，当前社会群体思想多样，价值观多元，人们对心理健康的要求日益提高，期待不断增强，需要心理健康教育拓展发展模式，提升价值引领等深层次的功能。"心理育人"是高校"十大"育人体系之一，心理健康教育也是构建高校思想政治工作体系的重要组成部分。社会心理服务需求增强和高校心理育人目标的实现都对社会主义核心价值观融入和引领心理健康教育有着迫切的需求。与此同时，目前社会主义核心价值观融入心理健康教育还存在理论上融通不够、内容上融合不足、实践上路径不多等亟待解决的问题。

本书试图从学理基础、现实诉求、基本原则、主要内容和主要路径五个方面，对社会主义核心价值观以及内蕴的马克思主义理论和中华优秀传统文化有机融入心理健康教育进行系统和全面的阐述，以期拓展社会主义核心价值观融入高校教书育人全过程的途径，为社会主义核心价值观融入高校心理健康教育提供理论依据和实践参考，推进"育心与育

① 中央文献研究室.习近平谈治国理政 [M].北京：外文出版社，2014：168.

德相统一"的心理育人目标的实现，以期丰富高校心理健康教育的理论和内容，助力构建中国特色心理健康教育理论。

第一节　选题背景和意义

一、选题背景

本书的选题来自高校培育践行社会主义核心价值观落细落小落实的时代要求，来源于为提高心理育人实效，达成"育人与育德相统一"目标的现实诉求，植根于满足高校学生健康成长和全面发展的内在需要。

（一）高校培育和践行社会主义核心价值观要融入教书育人全过程

社会主义核心价值观契合中国特色社会主义发展要求，继承了中华优秀传统文化，吸收了人类文明的优秀成果，是当前我们应对世界范围价值观较量新态势下的价值遵循，是引领我国社会当下多元多样多变价值观的核心。社会主义核心价值观已经融入人们工作社交和日常生活等诸多方面，但在融入深度和契合度上还有待继续改进。高校对培育践行社会主义核心价值观依然有落细、落小、落实的现实需要。作为思想政治教育重要组成部分的心理健康教育，将社会主义核心价值观的培育贯穿全过程，做到"同向同行"是其应尽职责。然而，由于心理健康教育不同于思想政治教育的其他内容，其有成体系的理论和方法，有相应的规律和原则。如何结合这些特点和实际，在心理健康教育中满足"坚持以人为本，尊重群众主体地位，关注人们利益诉求和价值愿望，促进人的全面发展"[①]的要求，有效融入社会主义核心价值观是需要研究的重要问题。

（二）高校心理健康教育实现心理育人目标需要融入社会主义核心价值观

中共教育部党组 2018 年 7 月印发的《高等学校学生心理健康教育指

---

① 中共中央办公厅印发《关于培育和践行社会主义核心价值观的意见》[EB/OL].
[2013-12-23].http://cpc.people.com.cn/n/2013/1223/c64387-23924110.html.

导纲要》中规定高校心理健康教育的主要任务有四个，分别是推进知识教育、开展宣传活动、强化咨询服务和加强预防干预。具体到高校，主要是心理健康课程教学、心理健康教育实践活动、心理咨询和心理危机干预四个方面。心理健康教育的研究早已揭示，不少心理问题的产生与价值观的偏差、人生意义的失落有密切关系。"心理问题的解决，从根本上讲要以树立正确的世界观、人生观、价值观为前提。"① 因此，心理健康教育不能回避价值观等精神层面的问题。社会主义核心价值观的融入是解决高校心理健康教育实践之困的"刚需"。如何在心理健康教育理论层面实现创新和发展，使高校在理念上以社会主义核心价值观引领心理健康教育发展，需要坚实的学理基础；如何提高社会主义核心价值观融入的针对性和实效性，需要量化的数据作支撑；如何确保融入之后能够增强心理健康教育的效果，需要对相关原则做界定；社会主义核心价值观的深度融入具体与高校心理健康教育的哪些既有内容和路径进行结合，需要对融入的主要内容和路径进行充分论证。以上问题，已经引起了学术界的关注，取得了一些研究成果，但是目前的研究在系统性、深入性和全面性方面还要加强。

（三）高校学生健康成长和全面发展需要融入

随着改革开放的纵深推进，我国社会经济取得了巨大发展成就。同时社会转型和经济全球化以及信息网络化诸多因素叠加，导致我国社会目前呈现价值观多元化态势，这在刺激人们彰显个性和追求丰富多彩生活的同时，也让人们面临多种价值观选择的冲突，甚至造成了一些心理问题。高校学生正处于价值观形成和心理成熟的关键时期。作为促进高校学生全面发展的重要举措，心理健康教育如何根据教育对象的需要，引导他们立足于我国社会发展现实和优秀传统文化，践行社会主义核心价值观，进而成为合格的社会主义建设者和接班人，是当下需要解决的重要问题。将社会主义核心价值观融入与他们健康成长和全面发展密切相关的心理健康教育之中，是基本前提和重要基础。

---

① 袁贵仁.提高认识 狠抓落实 大力推进大学生心理健康教育工作[J].思想理论教育导刊，2004(9)：15.

本书希望对社会主义核心价值观融入心理健康教育的学理性、现实性、原则性和可操作性进行全面探索，以提升社会主义核心价值观在高校培育践行的成效，同时推进心理健康教育的中国化发展。

二、选题意义

本书可以丰富心理健康教育的理论，建构心理健康教育中国化的内容。同时，不仅可以挖掘马克思主义对心理健康教育的指导作用，还可以拓展社会主义核心价值观培育践行的途径，促进高校心理育人体系理论建构和实践发展，具有丰富的实践意义。

（一）理论意义

第一，丰富心理健康教育的理论。本书通过对西方精神分析理论、认知行为理论、人本主义理论和后现代理论中蕴含的价值观教育进行解析，阐释社会主义核心价值观融入之后对西方相关心理学理论的超越，在扬弃的过程中丰富我国心理健康教育理论。

第二，建构高校心理健康教育中国化内容。本书阐释社会主义核心价值观中蕴含的马克思主义理论以及儒家、道家等中华优秀传统文化思想，引领和丰富高校心理健康教育，建构心理健康教育的中国化内容，增强心理健康教育的适切性，提高心理健康教育促进"人的全面自由发展"的成效。

（二）实践意义

第一，丰富高校培育和践行社会主义核心价值观的路径。发挥高校心理健康教育课堂教学、心理健康教育实践活动、心理咨询以及危机干预等成熟载体的作用，发挥心理健康教育覆盖面广、专业性强、认可度高的独特优势，丰富社会主义核心价值观的培育和践行路径，深化高校学生对社会主义核心价值观全面认知和深度理解，进而促进他们对其内化于心、外化于行，使"社会主义核心价值观的影响像空气一样无所不在"。

第二，增强社会主义核心价值观对心理健康教育的引领作用。运用社会主义核心价值观，丰富我国高校心理健康教育理论，增强我国高校心理健康教育理论的中国特色，有助于加强习近平新时代中国特色社会主义思想对心理健康教育的指导，也有助于在心理健康教育中落实"思想政治工作贯穿教育教学全过程"的要求。

第三，促进高校心理育人体系的实践发展。社会主义核心价值观全面融入心理健康教育的理论、方法、内容、方式、主体，有利于弥补目前心理健康教育在核心价值引领方面的不足，从而促进高校心理育人体系的建构，帮助高校学生在价值观多元的背景下，确立合理的人生目标，履践高尚的人生追求，实现个人的全面发展。

第二节　国内外研究现状综述

一、心理健康

心理健康在不同的文化和社会中有不同的含义，不同的研究视角对其有不同的界定。我国目前主要有心理学、医学、教育学与和思想政治教育学等视角，本书主要采取思想政治教育的视角对心理健康做界定和研究。

（一）国外关于心理健康的代表性观点

被引述最多的健康概念是世界卫生组织（World Health Organization，WHO）成立宪章中对健康的界定。英文原文为"Health is state of complete physical, mental and social well-being and not merely the absence of disease of infirmity"。这里采用的译文是"健康不仅仅是没有疾病或虚弱，它是一种生理、心理和社会性全面发展的良好状态"。[①]《简明不列颠百科全书》认为："心理健康是指个体心理在本身及环境条件许可范围内所能达到的最佳功能状态，但不是指十全十美的绝对状态。"[②]卡

---

① 刘艳.关于"心理健康"的概念辨析 [J].教育研究与实验，1996（3）：47.
② 刘艳.关于"心理健康"的概念辨析 [J].教育研究与实验，1996（3）：48.

尔·罗杰斯认为："自我与经验的一致性是心理健康的重要标志。"[1]马斯洛认为，"心理健康就是人性的丰富实现即自我实现，心理疾病则是人的基本需要或自我实现的受挫与失败。"[2]心理学家 H.B.English 认为，"心理健康是指一种持续的心理状态，当事者在哪种情况下能做良好适应，具有生命的活力，而且能充分发展其身心的潜能，这乃是一种积极的、丰富的情况，不仅是免于心理疾病而已。"[3]日本学者松田岩男指出，"心理健康就是无论面临何种障碍和困难的问题，都能保持精神上的安定，具有一种以社会承认的行动来克服困难的韧性的精神状态。……它受人对一事物的见解和想法，人的个性和价值观来左右。"[4]根据 Richard S. Lazarus 的观点，"心理健康总是与社会文化有关联的，心理不健康或心理疾病总是会被视为'不好'的现象，所以很自然地，健康应当是社会所认为良好和优秀的表现。"[5]

（二）国内关于心理健康的观点

我国心理学家在结合西方心理学理论与我国传统文化的基础上提出了心理健康的标准。不同学者对心理健康的标准有不同的侧重，不同群体的心理健康标准也不完全相同。胡江霞强调心理健康中社会规范的因素："心理健康应该是一种不断完善的状态。不能脱离具体的社会规范来考察。人的心理是社会现实的反映，就其实质而言，既有其个体性（发

---

① Rogers, C. R. A tentative scale for the measurement of process in psychotherapies. In M. P. Stein (Ed.), Contemporary Psychotherapies. New York: Free Press, 1961, pp.184-256.

② 俞国良，罗晓路.马斯洛：人的心理健康即自我实现[J].中小学心理健康教育，2016（2）：44.

③ 朱敬先.健康心理学[M].台北：五南图书出版公司，1992：120.

④ 松田岩男.保健体育课的意义：从心理学角度评价保健体育课[J].辽宁体育科技，1985（4）：48.

⑤ Lazarus, R.S. Patterns of Adjustment and Human Effectiveness[M]. New York: McGraw-Hill, 1969: 325-331.

展性、自主性）的一面，也有其社会性（适应性、规范性）的一面。"①
姚本先强调："个体在适应环境的过程中，生理、心理和社会性方面达到
协调一致，保持一种良好的心理功能状态"。②刘华山同时强调个体的身
心潜能和积极的社会功能："心理健康指的是一种持续的心理状态。在这
种状态下，个人具有生命的活力、积极的内心体验、良好的社会适应，
能够有效地发挥个人的身心潜力与积极的社会功能。"③2016 年，国家 22
个部委联合发文《关于加强心理健康服务的指导意见》（国卫疾控发〔
2016〕77 号）指出："心理健康是人在成长和发展过程中，认知合理、情
绪稳定、行为适当、人际和谐、适应变化的一种完好状态。"④

综上可知，心理健康的概念和心理健康本身一样，不是静态的，而
是随着认识的深入和实践的深化而不断变化的。虽然学术界现在对心理
健康的理解依然没有统一的标准，但是有以下几方面的共识：心理健康
不仅指个体自身心理没有疾病，还有内在和谐、人格完善、人际关协调、
社会适应良好、心理潜能发挥等方面；心理健康不是个人的事情，而是
个体心理和谐、社会适应良好以及个人潜能发挥并产生社会价值的统一
状态。个体秉持的价值观对于其人格完善、人际关系协调和社会适应等
都会发挥重要作用。因此，价值观是个体维护心理健康的重要因素。

二、心理健康教育

随着心理健康教育内涵不断发展，其目标、内容、方式和途径也不
断丰富。

---

① 胡江霞."从心所欲不逾矩"——心理健康的定义及标准分析 [J].教育研究与实验，
1997(2)：45.
② 姚本先.学校心理健康教育基本概念辨析 [J].课程·教材·教法，2001(6)：66.
③ 刘华山.心理健康概念与标准的再认识 [J].心理科学，2001(4)：481.
④ 《关于加强心理健康服务的指导意见》（国卫疾控发〔2016〕77 号）
[EB/OL].[2016-12-30].http://www.nhc.gov.cn/xxgk/pages/viewdocument.jsp?d
ispatchDate=&staticUrl=/jkj/s5888/201701/6a5193c6a8c544e59735389f31c971d5.
shtml&wenhao.

（一）心理健康教育的目标

我国心理健康教育的目标也是随着社会的发展不断调整和充实的。1998年，《中共中央国务院关于深化教育改革全面推进素质教育的决定》和1999年的《中共中央国务院关于深化教育改革全面推进素质教育的决定》中在谈到心理健康教育时，明确指出了心理健康教育的目的为"加强学生的心理健康教育，培养学生坚忍不拔的意志，艰苦奋斗的精神，增强青少年适应社会生活的能力"。

马建青在1998年提出了心理健康教育"三级功能"的思想："心理健康教育对于每一个人来说，具有三方面的功能，即初级功能——预防心理疾病，消除心理障碍；中级功能——改善心理状况，增强调节能力；高级功能——充分开发潜能，促进人格完善。"[①]马建青特别指出，高校应该把促进大学生心理健康的意义定位在心理健康的中级功能和高级功能上。刘华山认为："'积极的'或'高层次的'心理健康意味着有高尚的目标追求，发展建设性的人际关系，从事具有社会价值的创造，渴望生活的挑战，寻求生活的充实与人生意义。"[②]佘双好提出："只有达到了个体健康、个体与社会的和谐发展及个体对社会能做出有益贡献等三个方面的统一，才能达到中国高校心理健康教育模式的治愈标准"。[③]俞国良等提出："心理健康教育的目标不仅要关注怎样预防和解决学生的心理问题，还要关注怎样培育学生的积极心理品质。"[④]

综上所述，心理健康教育的目标是分层级的，高级目标应该致力于促进人的全面发展，不断开发自身潜能去创造社会价值，引领人们构建和谐友善的人际关系，追寻人生的意义，因此，需要关注人们的价值观等深层次的精神追求。

---

① 马建青.当代大学生心理健康状况及干预研究[J].浙江社会科学，1998（4）：48.
② 刘华山.心理健康概念与标准的再认识[J].心理科学，2001(4)：480.
③ 佘双好.中国高校心理健康教育模式的生成与发展[J].学校党建与思想教育，2016（4）：22.
④ 俞国良，李天然.社会转型中青少年心理健康的结构与特点探索[J].西南民族大学学报（人文社会科学版），2016(8)：194.

（二）心理健康教育的主要内容

不同学者对心理健康教育的内容有不同的侧重。有的学者认为，心理健康教育的主要内容包括"普及心理健康基本知识，树立心理健康意识，了解简单的心理调节方法，认识心理异常现象以及初步掌握心理保健常识"[①]。林崇德认为心理健康教育的内容包含"健康的情感、坚韧不拔的意志、积极的兴趣、稳定的动机、崇高的理想、刚毅的性格和良好的习惯等"[②]。有的研究者主张综合化的心理健康教育内容，心理健康教育内容"分为促进学生积极适应和主动发展两个大的方面，其中积极适应包括适应学习、适应生活、适应人际交往、学会做人四个方面；主动发展包括发展智能、发展个性、发展社会性、发展创造性四个方面，共8个基本部分"[③]。有的指出心理健康教育中的心理咨询包含三个层面内容："一是对心理疾病、心理障碍层面的咨询、调适与辅助治疗；二是对一般心理冲突、心理困惑的咨询和辅导；三是培养良好心理素养，开发人们心理潜能，促进人们健康全面发展。"[④]教育部在2011年专门出台了《普通高等学校学生心理健康教育课程教学基本要求》，文件对心理健康教育课程使学生在知识、技能和自我认知三个层面的目标做了规定，其中技能层面的规定相对详细，主要包括"学习发展技能、环境适应技能、压力管理技能、沟通技能、问题解决技能、自我管理技能、人际交往技能和生涯规划技能等。"《高等学校学生心理健康教育指导纲要》的通知（教党〔2018〕41号）明确了，高校心理健康教育，要"引导学生正确认识义和利、群和己、成和败、得和失，培育学生自尊自信、理性平和、

① 林崇德，李虹，冯瑞琴.科学地理解心理健康与心理健康教育[J].陕西师范大学学报（哲学社会科学版），2003（9）：110-115.

② 林崇德，李虹，冯瑞琴.科学地理解心理健康与心理健康教育[J].陕西师范大学学报（哲学社会科学版），2003（9）：115.

③ 陈旭，张大均.心理健康教育的整合模式探析[J].教育研究，2002（1）：19.

④ 卢爱新.我国大学生心理健康教育发展研究[D]，武汉：华中师范大学，2006：19-22.

积极向上的健康心态，促进学生心理健康素质与思想道德素质、科学文化素质协调发展"。

综上所述，高校学生心理健康教育的主要内容包含人格培养、压力管理、人际交往、学习心理、生涯规划、崇高理想以及生命教育等与学生心理健康和全面发展密切相关的方面，同时还要在以上内容的学习中促进学生心理健康和思想道德发展。

（三）心理健康教育的模式

心理健康教育模式的形成是心理健康教育从无序向有序，由经验化向科学化，由依赖借鉴向自主创新过渡的重要标志。不同的心理健康教育模式往往基于不同的理念，结合具体的情境逐步凝结而成。有研究者指出："心理健康教育不能是医学或医疗模式，它必须是既要面向全体，又要顾及个体差异，做好个别教育，面向全体与顾及个体差异的目的是一致的，即都是为了使学生心理健康地发展。"[1]有学者特别指出，心理健康教育是属于教育范畴的一个子集，"它有利于人们用比较宽泛的教育学视野看心理健康教育问题，并且是心理健康教育模式整合的重要思想基础。"[2]高校的心理健康教育或心理咨询与医学心理学及临床心理学有很大差异："第一，教育或咨询对象的发展目标有特定要求；第二，教育对象本身心理问题的解决有价值观干预的要求。第三，塑造健全的社会人格也需要价值观的介入。所谓人格健全的标准必须符合主流社会的健全人格的标准才是真正健全的人格。"[3]

马建青在研究我国心理健康教育30多年发展历程的基础之上，从六个方面阐述了构建中国特色高校心理健康教育模式的内涵。其中，他强调在价值取向上要有适当的引导性："我国高校心理健康教育要由社会主

---

① 林崇德，李虹，冯瑞琴.科学地理解心理健康与心理健康教育 [J].陕西师范大学学报（哲学社会科学版），2003（9）：110-115.

② 张大均.加强学校心理健康教育培养学生健全心理素质 [J].河北师范大学学报（教科版），2002(1)：19.

③ 黄定华.大学生心理健康教育规律探索 [J].湖南师范大学教育科学学报，2009(1)：104.

义核心价值观来引领。"他指出:"要通过心理健康教育引导学生树立正确的世界观、人生观、价值观,做到'心理育人'。"①

《高校思想政治工作质量提升工程实施纲要》(教党〔2017〕62号)明确指出,"坚持育心与育德相结合,加强人文关怀和心理疏导,深入构建教育教学、实践活动、咨询服务、预防干预、平台保障'五位一体'的心理健康教育工作格局,着力培育师生理性平和、积极向上的健康心态,促进师生心理健康素质与思想道德素质、科学文化素质协调发展。"②

不难看出,"心理育人"即是整合模式。这就必然要求集大德、公德和私德于一体的社会主义核心价值观对心理健康教育的引领,要求在心理健康教育中对社会主义核心价值观的培育和践行。

(四)心理健康教育的主要路径

目前高校心理健康教育的主要路径包含六个部分。

第一,开设心理健康课程。心理健康课程是高校开展心理健康教育的主要渠道。很多高校都开设了相关课程,不少高校开设了心理健康教育相关的必修课。有研究者提出了相关课程的分类有认知性课程、融合性课程、活动性课程、矫正性课程、隐形性课程等课程类型。③教育部在2011年专门出台了相关规定之后,更多高校开设了必修课。2018年,教育部印发"指导纲要",要求高校对新生开设心理健康教育公共必修课。

第二,开展心理健康教育实践活动。心理健康教育实践活动是高校心理健康教育的重要途径。自2000年全国大学生心理健康节在北京师范大学拉开帷幕以来,高校都不断创新发展,将"5·25"大学生心理健康活动拓展成高校心理健康教育的重要载体。一方面是在内容上拓展了情景剧、微电影、摄影比赛、征文比赛等形式,另一方面是在形式上有讲

---

① 马建青,欧阳胜权.论中国特色高校心理健康教育模式的构建[J].思想理论教育,2019(11):100.

② 高校思想政治工作质量提升工程实施纲要(教党〔2017〕62号)[EB/OL].[2017-12-05].http://www.moe.gov.cn/srcsite/A12/s7060/201712/t20171206_320698.html.

③ 张公社.中国心理健康教育理论研究的几种取向[J].教育科学,2003(6):58.

授培训、视频学习、课外活动等多种样式。由于活动内容丰富，形式多样，心理健康教育实践活动广受高校学生欢迎。

第三，提供心理咨询服务。心理咨询是高校开展心理健康教育的重要途径，在规模上分为个案咨询和团体咨询，在形式上分为线上网络咨询、电话咨询和线下的面对面咨询。目前心理咨询仍然是高校维护学生心理健康的重要途径。

第四，进行心理危机干预。心理危机干预主要是通过给予处于心理危机状态的个体及时给予心理援助，使之尽快摆脱困难，避免极端行为的发生。心理危机干预是高校心理健康教育守住生命底线的重要工作，得到教育系统的高度重视。

第五，不断重视朋辈教育。近年来，随着"三全育人"的倡导，高校心理健康教育中要求做到全员、全程、全方位开展心理健康教育。高校对朋辈教育越来越重视，其中心理委员是开展朋辈教育的重要参与者。

第六，建设心理健康教育网络平台。2018年，教育部印发《高等学校学生心理健康教育指导纲要》中将各种心理健康教育平台列为心理健康教育体系的一部分。目前，各种直播平台也构成了心理健康教育的重要途径。

综上所述，我国高校心理健康教育逐渐形成了自己的特点，甚至中国特色的模式。其中心理咨询与心理健康教育学者越来越关注因人生意义、价值观、理想、信念等精神因素对个体心理健康的影响的趋势也越来越明显，[①]我国高校心理健康教育要由社会主义核心价值观来引领[②]的理念将越来越受到重视。其实早在2000年，就有美国学者指出在今后心理咨询与心理治疗领域，心理治疗的精神或信仰取向将越来越为心理学界

---

① 佘双好.心理健康教育何以成为思想政治教育的研究领域 [J].马克思主义研究，2007(3)：90.

② 马建青，欧阳胜权.论中国特色高校心理健康教育模式的构建 [J].思想理论教育，2019(11)：100.

所接受，这一领域的研究也会得到加强。^① 积极心理学在西方兴起之后，也越来越注重对人的积极思想道德情感的培养，本土文化和价值观等也越来越受到他们的重视。因此，从国内外心理健康教育发展趋势看，加强社会主义核心价值观相关的研究和实践势在必行。

三、价值观与心理健康

（一）价值观相关研究

价值观本身是一个内涵丰富的概念，心理健康教育中的价值观研究综合了教育学和心理学的相关研究成果，主要是从心理学的角度进行的。

第一，国外关于价值观的相关研究。

一般认为，"1926 年，皮瑞（R.B.Perry）最先对价值观进行了分类"^②，而克莱德·克拉克洪（C. Kluckhohn）提出的价值观定义在西方心理学界确立了支配地位，"价值观是外显的或内隐的有关什么是'值得'的看法，它是区分不同个体与群体之间差异的特征，影响人们对行为方式、手段和目的的选择。"^③。20 世纪 70 年代，罗基奇（M.Rokeach）将价值观定义为"一个持久的信念，认为一种具体的行为方式或存在的终极状态，对个人或社会而言，比与之相反的行为方式或存在的终极状态更可取。"^④20 世纪 80 年代，巴里·施瓦茨（Barry Schwartz）总结了价值观定义的五个特点："信念的概念；值得要的目标状态或行为；超越特定情景；指导行为和事件的选择或评价；以相对的重要排序"^⑤。Braithwaite

---

① GeoLK, Lurson D B, Koening H Getal. Spiriturality and Health: What We Know, What We Need to Know[J]. Journal of Social and ClinicalPsychology, 2000(19): 102-116.

② 杨宜音. 社会心理领域的价值观研究述要 [J]. 中国社会科学，1998(2)：82.

③ Kluckhohn, F.R., &Strodtbeck, F.L. Dominant and Variant Value Orientations. In Kluckhohn, H. A. Murray, & D.M. Schneider (Eds.) Personality in Nature, Society, and Culture. New York: Knopf, 1953, p.259.

④ Rokeach, M. The Nature of Human Values, NY: Free Press, 1973: p.358.

⑤ Schwartz, S.H.&Bilsky, W. Toward a Universal Psychological Structure of Human Values, Journal of Personality and Social Psychology.1987, p.53.

& Scott 在 20 世纪 90 年代开展的研究认为,"价值观是一般性的信念,它具有动机功能,它不仅是评价性的,还是规范性的和禁止性的,是行动和态度的指导,是个人的也是社会的现象"[①]。希特林(S.Hitlin)和派利厄文(JA.Piliavin)研究认为,"有两个障碍影响着人们对价值观的认识,即社会心理现象和价值观内容中的历史和文化的变化性"[②]。

理性情绪疗法(REBT)的创始人埃利斯(Albert Ellis)在回顾 20 世纪心理治疗的发展时说:"尽管……和精神信仰方面的问题在 20 世纪早期被心理治疗严重的忽略了,但最近的研究表明它们在人类的存在中有重要的作用,而且它们可能在帮助人们消除困扰方面发挥巨大的贡献。具有理性和信仰性质的心理治疗研究在 20 世纪末越来越普遍。"[③]

人本主义心理学的主要创始人罗杰斯强调了价值观的变化,"价值观的确立并不是不变的,而是不断变化的。"[④]罗克奇认为,"价值观具有适应环境、自我防卫、认识和自我实现的功能,是个人组织自我、在世界上采取行动并与他人建立关系的标准。""价值观的丧失是我们时代的最终痼疾"[⑤]。存在主义治疗大师弗兰克也强调,"心理医生要帮患者克服不正确的价值观和人生理想。"[⑥]哈佛大学 2015 年的一项研究表明,"将'亲

---

① Brathwaite. A. & Law, H. G. Goal and Mode Values Inventories, In Robinson, J.P., Shaver, P.R., & Wrights man, L.S.(Eds.) Measures of Personality and Social Psychological Attitudes, San Diego, CA: Academic Press, Inc, 1990, p.255.

② HitlinS, Piliavin J A.Values: Reviving a dormant concept[J]. Annual of Review Sociology, 2004(30):359-393.

③ Ellis A. Therapy grows up. Psychology Today. 1999, 32(6): 34-35.

④ Rogers, G. Toward a modern approach to values: The valuing process in the mature person. Journal of Abnormal and Social Psychology, 1964, 68, P.164.

⑤ 吕锡琛. 中国传统人生价值观与健心疗心笔谈:道家抱朴守真价值观的心理保健意义[J]. 现代大学教育,2002(6):29.

⑥ 吕锡琛. 中国传统人生价值观与健心疗心笔谈:道家抱朴守真价值观的心理保健意义[J]. 现代大学教育,2002(6):29.

友关系'列为首要价值的青少年与将'生意、金钱'列为首要价值的青少年相比，更不容易表现出挑衅和攻击性行为"[①]。

第二，国内关于价值观的相关研究。

国内学者很早就意识到价值观的文化差异，不同民族彼此有别的文化体系的差异，主要系于价值观的差异。而文化的发展演变也表示着价值观的发展演变[②]。因此他们在借鉴西方理论提出概念、构建理论、选择方法时都结合了国内的实际情况，并开展了很多具有学术价值的研究。

价值观的心理实质。心理学中所讲的价值观，是人区分对错、好坏、美丑的观念系统。它是青年个性心理的核心成分，支配着青年的行为并渗透在整个个性之中。[③] 研究者认为，价值观的心理实质是个体本质的，较为稳定的态度体系，"价值观是带有一定认知部分的行为准则。价值的内化与心理素质的状况有极大关系，特别是道德品质的知（认知）、情（情感）、意（意志）、行（行为）的产生。"[④]价值观是每个人判断是非的综合体系，深置于每个人的内心。价值观是个性倾向性的核心内容，是渗透于整个个性之中支配着人的行为、态度、观点、信念、理想的内在尺度。[⑤]价值观是指周围事物以及人和社会的关系在人的心目中的轻重、主次地位。它是世界观的一部分，是人生观的核心。它最能体现人们的人生目的和人生意义[⑥]。

---

① Ryan Margin Sutton. The Association between Personal Values and Mental Health Functioning of African American Youth in the Juvenile Justice System. HOWARD University, 2015: 74.

② 张岱年 . 文化与价值 [M]. 北京：新华出版社，2004：17.

③ 黄希庭，张进辅，李红，等 . 当代中国青年价值观与教育 [M]. 四川：四川教育出版社，1994：1.

④ 张佩珍 . 嬗变与应变：加强大学生价值观教育的若干思考 [J]. 社会转型与价值观研讨会论文专辑，2000（7）：147.

⑤ 赵玉芳，毕重增 . 教育价值观的心理学思考 [J]. 西南师范大学学报（人文社会科学版），2004（2）：47.

⑥ 庞彤彤 . 论价值观教育与心理健康教育相关性及其实践意义 [J]. 中国青年研究，2007（3）：17.

价值观教育。价值观教育的本质是在大方向上引导人们在现实的社会关系中正确处理价值观运行中的基本矛盾，能够做到个人理想与社会理想的基本一致，个人与社会关系的基本协调，个人发展与社会发展的相互促进。价值观教育是教育个体用正确的价值标准看待社会的作用，认识人生的意义，理解生命的价值，适应所处时代的健康生活。

（二）价值观与高校学生心理健康

有研究指出，"大学生的众多心理问题都与价值观联系在一起，如自我前途迷茫、人际关系紧张等都是大学生心理问题的深层原因所在。"[1]更有研究明确了"价值取向不清晰不确定容易使大学生产生心理过度焦虑，如空虚、嫉妒、自卑等心理问题"。[2]大学生的价值观影响着他们的心理健康，"价值观的积极程度越高，学生心理健康程度就越高[3]。高校学生的"集体主义取向程度越高，其心理健康状况将会越好。"[4]对高校学生来说，"……心理问题又往往同他们世界观、人生观、价值观的形成交织在一起。心理问题的解决，从根本上讲要以树立正确的世界观、人生观、价值观为前提。"[5]

价值观和心理健康具有一定的正相关性，价值观的积极因素与学生心理健康程度成正比。价值观与心理健康存在正相关[6]。当多元价值观并存，并且各种价值观处于一种矛盾的和不稳定的状态时，"人就会产生种种的心理冲突。……具有协调的、稳定的、正确的价值观就成了我们具

① 蔺桂瑞．学校心理咨询中的价值观教育 [J]．教育研究，2001（12）：34-37．

② 曾屹丹．价值观冲突对心理健康的影响 [J]．渝西学院学报（社会科学版），2004（12）：90-98．

③ 彭晓玲，周仲瑜，柏伟，等．大学生价值观与心理健康相关性调查分析 [J]．重庆科技学院学报（社会科学版），2005（2）：65．

④ 李祚山．大学生文化取向与心理健康的关系研究 [J]．中国健康心理学杂志，2006（3）：294．

⑤ 杨德森．中国传统人生价值观与健心疗心笔谈：道家处世养生法在减除精神应激中的作用 [J]．现代大学教育，2002（6）：29．

⑥ 彭晓玲，周仲瑜，柏伟，等．大学生价值观与心理健康相关性调查分析 [J]．重庆科技学院学报（社会科学版），2005（2）：65．

有良好的心理健康的一个主要条件。"①价值观对人格形成有影响,"价值观念的社会性决定个体人格的求同性,价值观念的主体性决定个体人格的异质性,价值观念的相对稳定性决定人格的相对稳定性。"②

综上所述,价值观对心理健康具有全面而深远的影响,开展心理健康教育,必须重视价值观的作用,需要用科学的价值观引领心理健康教育的发展。

(三)价值观与心理健康教育

价值观影响人格教育,"价值观念的社会性决定个体人格的求同性,价值观念的主体性决定个体人格的异质性,价值观念的相对稳定性决定人格的相对稳定性"③。社会主义核心价值观能积极影响高校学生的心理和谐与健康发展,是高校学生心理健康的前提与保证,通过提高心理健康教育工作队伍的社会主义核心价值观素养,在心理健康教育课堂教学上、心理咨询过程中、心理危机的预防与干预中融入社会主义核心价值观。④

价值中立与价值干预在心理健康教育领域是需要面对的重要问题,要"区分价值关怀和价值偏向的差异,将传统价值规范手段转换为事实协商,厘清心理健康教育与德育的边界,依靠社会实务的自然改造来建立'价值中立'的验证程序,正确处理'价值中立'与'价值干预'的

---

① 庞彤彤.论价值观教育与心理健康教育相关性及其实践意义[J].中国青年研究,2007(3):15-16.

② 童辉杰,杨雅婕,梁世钟.传统价值观接受程度及其对心理健康的影响[J].中国健康心理学杂志,2010(1):107-109.

③ 庞彤彤.论价值观教育与心理健康教育相关性及其实践意义[J].中国青年研究,2007(3):17.

④ 武光路.社会主义核心价值观如何融入大学生心理健康教育[J].中国党政干部论坛,2016(12):106-108.

交织，缓解心理健康教育的内在焦虑"①。在学校的心理咨询工作中要注意，科学的价值参与应充分考虑其动态性、阶段性、情境性的特点。②

心理咨询中的价值观问题受到了学界的重视，有研究者认为，学校心理咨询无法回避价值问题，同时对价值问题又有特殊的要求。③有研究者调查了 156 名心理咨询师与治疗师之后发现，心理咨询师和治疗师的价值观并不能很好地预测其伦理决策，研究结果提示咨询师的价值观和伦理决策受文化因素影响，因此在制定临床心理伦理规范时需注重本土化因素。④心理咨询师的价值观对心理咨询具有重要影响。

从国内外价值观的研究历程以及价值观对心理健康的影响可知，价值观不仅具有文化相对性、社会发展性，还具有个体特殊性、相对稳定性以及影响深远性；心理学越来越重视价值观对于心理健康的作用。心理健康教育不仅无法回避价值观问题，还需要高度重视价值观对心理健康的影响；心理健康教育需要结合社会和时代主流价值观开展工作；高校心理健康教育在考量个体心理健康影响因素时既要考虑价值观的影响，又要注意适时发挥核心价值观对心理健康的作用。

四、社会主义核心价值观与心理健康教育

习近平指出："核心价值观，其实就是一种德，既是个人的德，也是一种大德，就是国家的德、社会的德。国无德不兴，人无德不立。"⑤因此，社会主义核心价值观，"实际上回答了我们要建设什么样的国家、建设什么样的社会、培育什么样的公民的重大问题"。刘建军认为："社会

① 周丽洁．心理健康教育"价值中立"与"价值干预"的交织 [J]．教育理论与实践，2018（17）：21.
② 全莉娟，卓潇，姚本先．学校心理咨询工作中的价值问题 [J]．中国卫生事业管理，2013（8）：616.
③ 许有云．学校心理咨询工作中的价值问题 [J]．江苏第二师范学院学报，2004（2）：13.
④ 李扬，钱铭怡．心理咨询师与治疗师的价值观及对伦理事件决策的影响 [J]．中国心理卫生杂志，2011（12）：890.
⑤ 中央文献研究室．习近平谈治国理政 [M]．北京：外文出版社，2014：168.

主义核心价值观的实质是中国特色社会主义的核心价值观。"① 顾海良指出，核心价值观三个层面的遵循就是"明大德、守公德、严私德"②。社会主义核心价值观本身具有丰富的内涵。

（一）社会主义核心价值观的基本内涵

社会主义核心价值观是战略举措。核心价值观是一定社会形态社会性质的集中体现，其显著特征就是体现国家、社会与个体的内在统一，"蕴含着人们对世界、人生、社会等一系列重大问题的价值共识，深刻影响着每个社会成员的思想观念、思维方式、行为规范，是人们思想上精神上的灵魂旗帜。"③

社会主义核心价值观是有机整体。第一，"富强、民主、文明、和谐"是国家层面的价值目标，体现出中国历史发展的根本要求，体现了国家发展的最大目标。"自由、平等、公正、法治"是社会层面的价值取向，是促进社会和谐发展的基本要求，也是促进人的全面发展的基本条件。"爱国、敬业、诚信、友善"，是公民在价值追求上的基本遵循，是对公民在思想道德方面的核心要求。第二，国家、社会、个人三个层面的价值追求是相互联系、相互贯通的，兼顾了国家、社会、个人的价值愿望和追求。社会主义核心价值观既坚持从国家和社会的角度看待事物发展又充分尊重了人的主体地位，"是在尊重人民、尊重历史的前提下提出的具有中国特色的社会主义价值理念，有广泛的感召力、强大的凝聚力和持久的引导力。"④ 第三，个人层面的"爱国、敬业、诚信、友善"是社会成员的基本价值取向。

（二）社会主义核心价值观的融入研究现状

目前，探索社会主义核心价值观融入的研究理论成果有不少，简言之，可以从融入体制机制的宏观层面、融入载体路径的中观层面和融入具体举措的微观层面三个维度做概要分析。

---

① 刘建军.""社会主义核心价值观"的三种区分[J].思想理论教育导刊，2015（2）：70.
② 顾海良.""大德"的弘扬、践行和遵循[J].思想理论教育导刊，2014（7）：5.
③ 王晓晖.积极培育和践行社会主义核心价值观[J].求是杂志，2012(23)：35.
④ 田鹏颖.社会主义核心价值观七论[M].北京：社会科学文献出版社，2015：34.

宏观融入层面。"从学校教育是主渠道，家庭教育是基础，社会教育是关键融入全民教育全过程。"①在融入国民教育要遵循"整体性原则、系统性原则、协调性原则、整合性原则，并采取整体规划、课程教材的系统化、主阵地的系列化以及日常生活的渗透性等策略"②。在融入日常生活的方面，要坚持"教育育人主渠道、强化社会宣传引导人、树立典型模范感召人、完善制度机制约束人"③。在融入社会生活上，"打造培育社会主义核心价值观的舆论环境，形成抑恶扬善的社会氛围，营造弘扬社会主义核心价值观的生活情景，融入社会生活。"④

中观融入层面。融入立德树人的五个维度，"以理论引领，舆论宣传，文化熏陶，实践养成，制度保障融入高校立德树人"⑤。从"中国立场、世界眼光、实践养成、历史视野、网络思维"⑥五个维度融入高校意识形态建设。从"理论依据，现实诉求，路径指南等论述了融入学生党建"⑦。从"价值导向、环境塑造、组织建设、实践活动"⑧，融入校园文化建设。

微观融入层面。"通过教材整体性、教学话语和多元化教学模式建设

---

① 邓斌，杨艳.社会主义核心价值观融入全民教育全过程探究[J].学校党建与思想教育，2013（2）：56.

② 李志飞，孙明哲.社会主义核心价值观融入国民教育的战略意义[J].思想理论教育导刊，2016（6）：94.

③ 柳礼泉、陈方芳.社会主义核心价值观融入日常生活探析[J].思想教育研究，2015（7）：43.

④ 马建军，周玉.社会主义核心价值观融入社会生活的路径选择[J].理论导刊，2014（7）：86.

⑤ 王琰.将社会主义核心价值观融入高校立德树人全过程的五个维度[J].思想理论教育导刊，2015（1）：124.

⑥ 张宝强.将社会主义核心价值观融入高校意识形态建设的五个维度[J].思想教育研究，2015（5）：62.

⑦ 张桂华，姚冠新，沈晓梅，等.将社会主义核心价值观教育融入学生党建[J].中国高等教育，2016（3）：30.

⑧ 朱志明，魏宝珠.社会主义核心价值观融入高校校园文化建设的路径探究[J].思想教育研究，2016（2）：40.

三个转向"①，融入高校思想政治理论课；通过"教育引导力、文化熏陶力和时代感召力"②融入高校思想政治理论课的教学实践。以"全程贯穿，重点融通为原则优化教学体系，以内化于心为重点优化教学内容，外化于行为目的优化教学过程"③融入思想道德修养与法律基础；"提高心理健康教育工作队伍的素养，在心理健康教育课堂教学上，心理咨询过程中和心理危机的预防与干预中融入心理健康教育"④。

综上所述，社会主义核心价值观的融入成果日渐丰富，涉及了很多方面。但是，目前对于融入心理健康教育的理论基础、现实需求、具体内容、可行路径的研究还比较缺乏。个别研究有所涉猎，主要还是宏观的思想指导，缺乏系统的全面论证，深度的学理分析和可操作的路径研究。

（三）社会主义核心价值观对心理健康的影响

价值观对心理健康的影响一直受到学术界的关注，社会主义核心价值观对心理健康的影响近年也开始被重视。"社会主义核心价值观是大学生个体拥有健康心理的根本前提和基础条件，为大学生价值观选择指明了方向。是影响大学生心理健康的积极因素，是评判心理健康状况的重要标准，是评判心理健康状况的重要标志。"⑤有研究指出，社会主义核心价值观认同程度与心理健康水平显著相关，"社会主义核心价值观高认同组大学生的心理健康总体水平及各方面的状况均显著好于社会主义核心

---

① 周琪.社会主义核心价值观融入高校思想政治理论课的三个转向及实现[J].思想教育研究，2015（12）：34.

② 于红.社会主义核心价值观融入高校思政课教学实践研究[J].思想理论教育导刊，2015（6）：70.

③ 甘玲.社会主义核心价值观有效融入"基础"课的方法与路径[J].思想理论教育导刊，2016（2）：80.

④ 武光路.社会主义核心价值观如何融入大学生心理健康教育[J].中国党政干部论坛，2016（11）：106.

⑤ 那日苏.社会主义核心价值观与大学生心理健康研究[J].前沿，2013（1）：42.

价值观低认同组的大学生"；[1]社会主义核心价值观"能积极影响大学生的心理和谐与健康发展，是大学生心理健康的前提与保证"。[2]；培育社会主义核心价值观，能"促进学生的心理健康与和谐，有助于学生心理健康教育体系完善"。[1]

心理健康教育是促进心理健康的重要途径。如何通过社会主义核心价值融入心理健康教育促进心理健康，以及在此基础之上促进个体加深对社会主义核心价值观的深化理解、深度认同和自觉践行，是亟待进一步研究的问题。

第三节 研究思路与框架

一、研究思路

本研究通过系统阐述社会主义核心价值观融入高校心理健康教育的学理基础、现实诉求、基本原则、主要内容和主要路径，为社会主义核心价值观有机融入高校心理健康教育提供理论支撑和实践方法，通过心理健康教育的路径促进高校学生对社会主义核心价值观的深入理解、深度认同和自觉践行，进而拓展社会主义核心价值观的培育践行途径；同时丰富心理健康教育的理论和内容，推进高校心理育人目标的实现，促进中国特色高校心理健康教育理论和内容的建构。

二、研究框架

本研究一共分为六个部分，除第一章绪论外，其他五章依次为社会

---

① 张凡迪，范立国."90后"大学生社会主义核心价值观认同程度及其对心理健康的影响[J].沈阳大学学报（社会科学版），2014（10）：677-679.

② 武光路.社会主义核心价值观如何融入大学生心理健康教育[J].中国党政干部论坛，2016（11）：677-679.

① 张凡迪，范立国."90后"大学生社会主义核心价值观认同程度及其对心理健康的影响[J].沈阳大学学报（社会科学版），2014（10）：677-679.

主义核心价值观融入心理健康教育的学理基础、现实诉求、基本原则、主要内容和主要路径五个方面。

第一章为心理健康教育与社会主义核心价值观的绪论。

这一部分主要交代研究的来源，研究的理论和实践意义，研究的思路、框架和创新点，并对于心理健康、心理健康教育、价值观、社会主义核心价值观的概念、内涵及相关性做出阐释。

第二章阐述社会主义核心价值观融入心理健康教育的学理基础。

首先，从巩固马克思主义在心理健康教育中的指导地位阐述了社会主义核心价值观融入的必要性，其次，从心理健康教育的思想政治教育学科属性的视角论述了融入的必然性，再次，从心理健康教育中的心理学理论蕴含的价值观教育思想本土化趋势论述了融入的紧迫性，最后，从社会主义核心价值观对心理健康的深远影响阐述了融入的实效性。

第三章阐述社会主义核心价值观融入心理健康教育的现状调查。

本章通过问卷调查和深度访谈的方法，以定量研究和定性研究相结合的方式，呈现了社会主义核心价值观融入心理健康教育课程、心理健康教育活动和心理咨询以及心理健康教师践行社会主义核心价值观的现状和需求，并在此基础上剖析了具体的成因，论证了社会主义核心价值观融入心理健康教育的现实紧迫性。

第四章阐述社会主义核心价值观融入心理健康教育的基本原则。

本章论述了融入理念上秉持社会主义核心价值观主导与多元价值观补充的原则，融入方法上坚持价值引领与价值中立相结合的原则，融入内容上力求中国化与世界性相结合的原则，融入方式上坚持尊重规律与因势利导相结合的原则，融入主体上遵循全员参与自我教育相结合的原则。

第五章阐述社会主义核心价值观融入心理健康教育的主要内容。

本章阐述了人格培养、压力管理、人际交往、学习心理、生涯规划以及生命教育等与高校学生健康成长和全面发展密切相关方面的社会主义核心价值观的融入，以促进高校学生对其的深入理解、深度认同和自觉践行，拓展社会主义核心价值观培育践行途径，丰富心理健康教育的理论和内容。

第六章阐述社会主义核心价值观融入心理健康教育的主要途径。

本章详细阐述了社会主义核心价值观通过心理健康教育课堂教学、心理健康教育实践活动、心理咨询和心理危机干预进行融入的具体做法。高校心理健康教师在这四个途径中贯穿始终，并且发挥着重要作用，本章还特别阐述了心理健康教师培育践行社会主义核心价值观的操作方法。

第四节　研究方法与创新

一、研究方法

本研究坚持以马克思主义理论体系为指导，综合运用多种方法展开研究，主要包括理论研究法、调查分析法、质性研究法等。

理论研究法。通过文献查阅、网络检索等手段综合分析，同时综合马克思主义、思想政治教育、教育学、积极心理学等多学科理论和我国优秀传统文化进行分析。

调查分析法。通过问卷调查收集资料，对课题的相关调研数据进行数据分析，找出社会主义核心价值观融入心理健康教育的主要影响因素并做归因分析。

质性研究法。主要通过深度访谈、参与行动研究等质性研究方法，全面分析社会主义核心价值观融入心理健康教育的意义、方法和途径；结合高校学生心理咨询、心理危机干预等案例说明社会主义核心价值观融入心理健康教育的具体操作方法、过程和效果等。

二、研究创新

本研究在研究方法和研究内容上做出了一些创新尝试。

（一）第一次系统地论证了社会主义核心价值观如何有机融入高校心理健康教育

本研究从学理基础、现实诉求、基本原则、主体内容和主要路径五个方面，系统地论证了如何将社会主义核心价值观以及内蕴的马克思主义理论和我国优秀传统文化融入心理健康教育中。这既为高校拓展社会主义核心价值观培育路径提供了可操作的方法，也是对中国特色心理健康教育理论的丰富。

（二）第一次全面地阐述了社会主义核心价值观融入心理健康教育的主要内容

本研究主要结合教育部颁布的高校心理健康教育相关文件精神，聚焦人格培养、压力管理、人际交往、学习心理、生涯规划以及生命教育等与高校学生健康成长和全面发展密切相关的主体内容，分别将社会主义核心价值观的国家价值目标、社会价值取向和个人价值准则三个层面的内涵，尤其是个人层面的爱国、敬业、诚信、友善核心价值观的主旨要义融入心理健康教育的主要内容之中，使高校心理健康教育内容更加具有中国风格和时代特点，有助于丰富高校心理健康教育的内容，更好地满足高校学生心理健康和全面发展的需要。

（三）第一次采用定量研究和定性研究相结合的方法，客观地呈现了社会主义核心价值观融入心理健康教育的现状和需求

本研究通过问卷调查和深度访谈结合的方法，对全国东部、中部、西部等不同地区的 29 个省、自治区和直辖市的 305 名高校心理健康教师

进行了调查和研究，为了解社会主义核心价值观融入高校心理健康教育的现状以及高校心理健康教育对其融入的需求进行了客观的呈现和比较全面的分析，为精准融入教育教学全过程提供了参考。

第二章 社会主义核心价值观融入高校心理健康教育的学理基础

社会主义核心价值观融入心理健康教育具有深厚的学理基础。巩固习近平新时代中国特色社会主义思想在心理健康教育中的指导地位，决定了社会主义核心价值观融入的必要性；心理健康教育的思想政治教育学科属性，决定了社会主义核心价值观融入的必然性；心理健康教育中的心理学理论蕴含着价值观教育的本土化趋势，决定了社会主义核心价值观融入的时代紧迫性；社会主义核心价值观对心理健康教育的促进作用，决定了其融入的实效性。

第一节 必要性：巩固高校心理健康教育的指导思想

高校心理健康教育的科学有效开展，离不开习近平新时代中国特色社会主义思想的指导。社会主义核心价值观是习近平新时代中国特色社会主义思想的重要内容，将其融入心理健康教育是巩固习近平新时代中国特色社会主义思想在高校心理健康教育中指导地位的需要。

一、融入是高校贯彻落实习近平新时代中国特色社会主义思想

"面对新时代新要求，落实好这一重大战略任务，必须强化教育引导、实践养成、制度保障，发挥社会主义核心价值观的引领作用，使之融入社会发展各方面，转化为人们的情感认同和行为习惯。"[①] 社会主义核

---

① 中共中央宣传部. 习近平新时代中国特色社会主义思想三十讲 [M]. 北京：学习出版社，2018：197.

心价值观是反映全国各族人民共同价值观的"最大公约数"，凝结着全体人民共同的价值追求。社会主义核心价值观在全社会的确立，需要思想教育与社会孕育相互促进，必然要经历教育引导的外化到情感认同的内化过程。心理健康教育是教育的重要组成部分，"培育和践行社会主义核心价值观，要重视全方位贯穿、深层次融入。把社会主义核心价值观更好地贯穿国民教育之中，融入教育教学、校风学风、引领师德建设。"①因此，融入心理健康教育是高校培育践行社会主义核心价值观的重要举措，是高校心理健康教育对习近平新时代中国特色社会主义思想的落实。

二、融入是高校落实健康中国战略的重要环节

党的十九大提出了"实施健康中国战略"。2016 年，由国家卫健委、教育部等 22 部委联合下发的《关于加强心理健康服务的指导意见》（国卫疾控发〔2016〕77 号）（以下简称《意见》）是落实健康中国战略的重要组成部分。心理健康教育是国家心理健康服务体系的重要方面。国家层面对心理健康服务工作的要求，对高校心理健康教育的发展也具有重要的指导意义。随着人们对美好生活的追求，人们越来越重视心理健康，对心理健康服务工作的要求也越来越高。加强心理健康服务需要社会主义核心价值观的有机融入。"加强心理健康服务、健全社会心理服务体系是培育和践行社会主义核心价值观的基本要求。"这意味着，社会主义核心价值观融入包含心理健康教育在内的心理健康服务是基本要求。与此同时，《意见》指出"加强心理健康服务，开展社会心理疏导，是维护和增进人民群众身心健康的重要内容，是社会主义核心价值观内化于心、外化于行的重要途径。"因此，高校心理健康教育也是培育践行社会主义核心价值观的重要途径。《意见》还指出，"各地要结合培育和践行社会主义核心价值观，……充分发挥我国优秀传统文化对促进心理健康的积极作用。"社会主义核心价值观融入高校心理健康教育时，不仅要发挥其

① 中共中央宣传部.习近平新时代中国特色社会主义思想三十讲[M].北京：学习出版社，2018：197.

引领作用，还要挖掘社会主义核心价值观蕴含的优秀传统文化，来促进心理健康教育的中国化发展，进而"大力开展心理健康相关的基础和应用研究，开展本土化心理健康基础理论的研究和成果转化及应用。逐步形成有中国文化特色的心理学理论和临床服务规范。"

在党的十九大报告中，习近平明确提出，要"加强社会心理服务体系建设，培育自尊自信、理性平和、积极向上的社会心态"。①"爱国、敬业、诚信、友善"是理性平和心态的重要内容，认同和践行社会主义核心价值观及其内蕴的中华优秀传统文化，是提升文化自信的重要举措，是培育自尊自信社会心态的根基，也是引导社会心态理性平和、积极向上的指针。社会主义核心价值观个人层面的"爱国、敬业、诚信、友善"是理性平和心态的重要内容。社会主义核心价值观的融入心理健康教育，也是高校落实习近平关于心理健康服务讲话精神的重要举措。

三、融入是高校落实国家相关政策的重要举措

党的十九大指出，"培育和践行社会主义核心价值观，要以培养担当民族复兴大任的时代新人为着眼点。"②教育部在高校心理健康教育指导文件中，也对融入社会主义核心价值观提出了要求。

《高校思想政治工作质量提升工程实施纲要》（教党〔2017〕62号）提出了要构建"十大"育人体系，明确将心理健康教育作为"十大"体系之一。"坚持育心与育德相结合，加强人文关怀和心理疏导，……着力培育师生理性平和、积极向上的健康心态，促进师生心理健康素质与思想道德素质、科学文化素质协调发展。"由此可以看出，心理健康教育履行育人职责更加明确。培育和践行社会主义核心价值观是育人的重要内容，自然应当纳入心理健康教育的范围。如何利用社会主义核心价值观

---

① 高等学校学生心理健康教育指导纲要 [EB/OL].[2018-07-06].www.moe.gov.cn/srcsite/A12/moe_1407/s3020/201807/t20180713_342992.html.

② 中共中央宣传部.习近平新时代中国特色社会主义思想三十讲[M].北京：学习出版社，2018：197.

的融入，更好地培育师生理性平和、积极向上的心态，还需要高校心理健康教育进一步加强理论研究和实践探索。

2018 年 7 月，中共教育部党组印发的《高等学校学生心理健康教育指导纲要》进一步明确了当前高校心理健康教育的任务和发展方向。其中，明确提出了高校心理健康教育的价值取向要"坚持育心与育德相统一"，同时更加具体地明确了要"引导学生正确认识义和利、群和己、成和败、得和失"。其中有促进国家发展大"义"高于追求个人小"利"的爱国价值观引导，也包含了处理群己关系时友善价值观作用的发挥，还有不以成败论英雄而更多注重奋斗过程的敬业价值观的发扬，以及在面对得失时诚信价值观的淬炼。教育部党组关于高校学生心理健康的指导纲要既指明了融入的目标和路径，也明确了融入后心理健康教育中国化的发展方向和丰富内容。

第二节　必然性：强化高校心理健康教育的学科属性

心理健康教育是思想政治教育的重要内容之一，属于思想政治教育学科范畴。思想政治教育担负着社会主义核心价值观在高校落细落小落实的主要任务，因此，心理健康教育中必然也要融入社会主义核心价值观。

一、高校心理健康教育是思想政治教育的重要内容

国务院学位委员会、教育部《关于调整增设马克思主义理论一级学科及所属二级学科的通知》指出："思想政治教育是运用马克思主义理论与方法，专门研究人们思想品德形成、发展和思想政治教育规律、培养人们正确世界观、人生观、价值观的学科。"思想政治教育学必须以"思想品德和心理素质教育规律与人的思想品德和心理素质发展变化规律"[1]为研究对象。

---

① 冯刚，郑永廷.思想政治教育学科 30 年发展研究报告 [M].北京：光明日报出版社，2014：54.

（一）心理健康教育是思想政治教育的重要内容

2001 年，有学者提出"思想政治教育基本内容包括思想教育、政治教育、道德教育、心理教育四个方面"[①]。同年，陈秉公也将心理健康教育纳入思想政治教育，称其为"健康心理学教育"[②]。2006 年，有学者提出"思想政治教育内容是一个集合概念，它是政治教育，思想教育，道德教育，法纪教育，心理教育相互联系，相互渗透，互为条件，互相制约构成的统一体"，并将心理健康教育做了基础性的定位，"至于各教育内容之间的关系，学界的认识是比较一致的，普遍认为思想教育是先导，政治教育是核心，道德教育是重点，心理教育是基础。"[③] 佘双好在 2007 年也论述了心理健康教育是思想政治教育的基础："思想政治教育活动不能超越心理健康教育这个阶段，也就是说思想政治教育活动必须从个体的心理层面的问题处理开始，把心理问题的处理看成是进行良好思想政治素质培养的起点和切入点。"[④]

（二）个体心理健康为社会主义核心价值观的融入奠定基础

心理健康是个体思想品德不断发展的重要基础，对个体思想品德和政治素质的形成产生重要影响。有研究者指出："人的思想品德结构是一个由心理、观念和行为三个子系统以一定方式联结起来的三维立体结构。其中心理是思想品德的基础。任何人的思想品德的形成，都要从一定的直觉、感受、情绪等朦胧而自发的心理活动开始，都要经过知、情、意、信、行诸心理要素的发展、推移，都要受到人的兴趣、性格、气质、能力等个性心理特征的影响。"[⑤] 佘双好提出的个体思想道德素质"冰山图"

① 张耀灿，郑永廷，吴潜涛，等．现代思想政治教育学 [M]．北京：人民出版社，2006：179-181.

② 陈秉公．思想政治教育学原理 [M]．沈阳：辽宁人民出版社，2001：260.

③ 熊建生．大学生思想政治教育内容体系的科学设计 [J]．思想理论教育导刊，2006(2)：29.

④ 佘双好．心理健康教育何以成为思想政治教育的研究领域 [J]．马克思主义研究，2007(3)：90.

⑤ 张耀灿，郑永廷，吴潜涛，等．现代思想政治教育学 [M]．北京：人民出版社，2006：254.

对此做了更加具体的描述："一是心理层面，即冰山中最庞大和基础的部分，包括日常的心理现象、感性认识等；二是思想层面，即冰山上露出水面的部分，代表人相对稳定的世界观、人生观、价值观等理性认识层面；三是政治层面，居于冰山最高部分，即特定统治阶级意识形态的教育"。① 从中可以看出，以心理健康作为主要目标的心理健康教育为社会主义核心价值观的培育奠定基础，要达到社会主义核心价值观像空气一样无处不在，就必须从个体的心理健康教育开始，处理好心理问题。与此同时，由于个体的心理健康受到价值观的影响，因此需要科学的价值观进行引导。

二、优化高校心理健康教育的育人理念

培育个人层面的"爱国、敬业、诚信、友善"的价值观念，根本的就是要建立人民的文化自信，化解日益突出的社会矛盾，进而最大限度地凝聚实现中华民族伟大复兴的社会力量。而这个基础，就在于通过培育和弘扬核心价值观，"把人引向超越、引向崇高、引向国家、引向大我"②。

（一）心理健康教育的立德树人理念需要社会主义核心价值观的引领

心理健康教育是思想政治教育的重要内容，心理健康教育的核心理念是"立德树人"。高校学生在成长过程中难免会遇到困难和困扰，会产生矛盾冲突，有的还会形成这样或那样的心理问题。"而这些心理问题又往往同他们世界观、人生观、价值观的形成交织在一起。心理问题，是世界观、人生观、价值观问题在心理方面的反映。心理问题的解决，

---

① 佘双好，卢爱新 . 探索基于思想政治教育的大学生心理健康教育模式 [J]. 学校党建与思想教育，2008（5）：13.

② 李文阁 . 论社会主义核心价值观的形成、内涵与意义 [J]. 北京师范大学学报（社会科学版），2015（3）：13.

从根本上讲要以树立正确的世界观、人生观、价值观为前提。"①个体之所以陷入心理健康的问题之中，"从认知方面来看，主要是因为其所持的价值观念滞后于正常合理的价值观念，而要开展心理健康教育活动，就必须用科学合理的观念来引导心理发展水平较低的个体。因此，心理健康教育本身就是一种具有十分明显价值导向的活动。"②高校心理健康教育主要通过课程教学、心理健康教育实践活动、心理咨询和心理危机干预等，在知、情、意、行方面对学生进行教育和培养，"帮助高校学生树立正确的人生观、价值观、寻找人生的意义"③，最终实现全面发展。社会主义核心价值观，尤其是个人层面的"爱国、敬业、诚信、友善"等价值观念，是当今我国社会大众所秉持的科学的价值观念，尤其是给处于价值观塑造关键时期高校学生开展心理健康教育所需要的。

（二）心理健康教育彰显人文关怀理念需要社会主义核心价值观引导

开展心理健康教育，需要注意对高校学生的人文关怀，即充分尊重高校学生的心理需求、心理特征和人格的独立性。这需要高校心理健康教师践行社会主义友善核心价值观，增强互动意识，积极利用倾听、理解、共情等手段了解学生的想法；践行敬业核心价值观，用心理学的知识和技能帮助学生在知识上有收获，在思想上有升华，在观念上有提升。同时，心理健康教师通过展现自身践行社会主义核心价值观的魅力，引领学生在学习和生活中自觉践行社会主义核心价值观。

（三）心理健康教育的理念落实过程需要社会主义核心价值观引导

心理健康教育要引导教育高校学生积极奋进，战胜挫折，调整情绪，

---

① 袁贵仁．提高认识 狠抓落实 大力推进大学生心理健康教育工作 [J].思想理论教育导刊，2004，(9)：4-7.

② 佘双好．心理健康教育何以成为思想政治教育的研究领域 [J].马克思主义研究，2007(3)：91.

③ 叶一舵．论高校心理健康教育与思想政治教育的有效互动 [J].思想理论教育导刊，2009（7）：108-111.

激发潜能，去实现自身价值，就需要"有意识地引导高校学生把视野从个人扩大到整个社会中去，把个人的发展与国家和民族的发展，把自身价值实现与他人价值和社会价值的实现有机统一起来"①。同时要让他们意识到，在实现个人价值的时候，要做到爱国、敬业、诚信、友善。更为重要的，要在认知层面上，真正理解和认可。社会价值是个人价值实现的前提，没有社会价值的个人自我实现是无根之木，因此，在实现自我价值的过程中要自觉地为国家的富强、民主、文明、和谐以及社会的自由、平等、公正和法治等不同的方面做出自己的贡献。"认识和行为发生改变的关键取决于主体的改变积极性。"②通过将社会主义核心价值观的内容和理念有机融入心理健康教育，可以帮助和引导学生树立个人与社会和谐互促发展的理念，较好地调动学生的积极性，激发他们的学习动机。

三、提升高校心理育人实效

社会主义核心价值观的融入，可以拓展心理健康标准，丰富心理健康教育的内容，促进心理健康教育目标的实现，提升高校育人实效。

（一）融入是对心理健康标准的拓展

心理健康的概念和标准也是随着实践的深入而不断完善的，其本身也包含了与价值观相关的内容。1946 年，第三届国际卫生大会界定的心理健康标准是"身体、智力、情绪十分协调；适应环境，人际关系中彼此能谦让；有幸福感；在工作和职业中，能充分发挥自己的能力，过有效率的生活"③。这一标准中包含了友善和敬业核心价值观的内涵。林崇德先生界定的心理健康标准有着更加明显的社会主义核心价值观的内容：

---

①　马小华.从马克思主义人的本质论看大学生个体发展与社会主义核心价值观培育[J].黑龙江高教研究，2016（12）：44.

②　叶一舵.论高校心理健康教育与思想政治教育的有效互动[J].思想理论教育导刊，2009（7）：108—111.

③　林增学.心理健康结构维度的研究概述及理论构想[J].社会科学家，2000(11)：65.

"心理健康标准大体可概括为敬业、乐群和自我修养。"①黄希庭先生关于心理健康的最高层次——健全人格的界定中有社会主义核心价值观的内容:"有高尚的目标追求,发展建设性的人际关系,从事具有社会价值的创造,渴望生活的挑战,寻求生活的充实与人生意义。"②社会主义核心价值观的融入,可以在人际关系中增加友善的标准,与"乐群"和"建设性人际关系"相比都有更加丰富的内涵。在与学习和工作相关的内容中明确敬业核心价值观,是对"能充分发挥自己的能力"的一种概括,使其有更加具体的内容,也是对"从事具有社会价值的创造"的一种凝练。而爱国核心价值观,则指出了"有高尚的目标追求"的内核。因为每个个体都可以有与自己兴趣和能力匹配的个性化的高尚的目标追求,爱国则是高尚目标追求的共同部分。

(二)融入是对心理健康教育内容的丰富

不同的学者对于心理健康教育的内容具有不同的侧重。林崇德认为:"……健康的情感、坚忍不拔的意志、积极的兴趣、稳定的动机、崇高的理想、刚毅的性格和良好的习惯等。以上这些内容应该是心理健康教育要关注的内容。"③从中,不难发现"崇高的理想""积极兴趣"等是价值观的内容。早期的思想政治教育学者认为:"心理教育的内容,就是进行心理健康教育和指导,提高受教育者的心理健康素质,使受教育者形成良好的个性、健全的人格、健康的情感、乐观的心态、坚强的意志,特别是要培养受教育者在激烈的竞争中勇于进取、不怕挫折、自强自立、艰苦创业的意志品质和能力。"④其中"不怕挫折""艰苦创业"与我们倡导的"敬业"价值观高度相关,"良好的个性"是"友善"核心价值观的

---

① 林崇德.积极而科学地开展心理健康教育[J].北京师范大学学报(社会科学版),2003(1):31-36.

② 黄希庭,郑涌,李宏翰.学生健全人格养成教育的心理学观点[J].广西师范大学学报(哲学社会科学版),2006(3):90.

③ 林崇德,李虹,冯瑞琴.科学地理解心理健康与心理健康教育[J].陕西师范大学学报(哲学社会科学版),2003(9):115.

④ 张耀灿,郑永廷.现代思想政治教育学[M].北京:人民出版社,2006:262.

重要基础。也有研究者指出，高校学生心理健康教育主要是"促进人们身心和谐与人格完善，促进个人潜能发挥，学会与人和谐相处，并养成良好的心理品质。"[①]

从这些界定中，不难发现，无论是心理健康的标准还是高校学生心理健康教育的内容，都蕴含着价值观。但是这些需要社会主义核心价值观的补充。因此，新时代高校学生心理健康教育需要社会主义核心价值观的融入，更好地促进个体心理健康，引领心理健康教育的发展。

（三）融入是对心理健康目标实现的促进

社会主义核心价值观的培育和心理健康教育都是为了实现个人的全面发展及社会的和谐进步。社会主义核心价值观侧重于国家、社会和个人多方面的指导，而心理健康教育重在从个人层面入手，就具体实践与操作层面做工作，实际上都绕不开国家和社会的层面的价值观问题。根本原因在于个体心理机能的发挥受制于其成长过程中逐渐形成的世界观、人生观与价值观的影响。心理健康的个体必须有观念明确、能身体力行且有一定程度弹性的价值观，否则就会产生心理问题。心理咨询的实践也表明，"大学生大部分的心理问题是由思想问题造成的，必须对大学生的思想问题进行价值观的干预，而不能简单地归为心理问题。"[②]个人只有拥有良好的思想道德水平，才能更好地融入社会、融入大群体，从而获得高层次的自我价值。因此，心理健康教育在解决心理问题的同时，应该从更高的层面上引导学生树立正确的世界观、人生观、价值观，才能保证心理健康教育的正确方向和既定目标的实现，即在帮助个体寻求内在和谐的基础上，去实现自身价值，并实现个人价值和社会价值的统一。这一目标的实现离不开社会主义核心价值观的融入。

---

① 佘双好，卢爱新.探索基于思想政治教育的大学生心理健康教育模式 [J].学校党建与思想教育，2008（5）：13.

② 丁立平.论心理健康教育的价值观干预 [J].现代大学教育，2004（1）：65.

第三节　紧迫性：促进高校心理健康教育理论发展

马建青研究指出："多种心理咨询与治疗的流派被介绍到国内，但以精神分析理论、行为主义理论、人本主义理论、认知理论、后现代疗法等使用最多，但多以模仿为主。心理咨询或者说心理健康教育的本土化议题已开始得到重视，是未来发展的必由之路。"[①] 西方心理健康教育理论来源于西方哲学思想或者理论，其中必然蕴含着西方的价值观。对此，西方心理学者也撰文强调，"当代治疗方法起源于欧美文化的核心价值观。这些方法既不是价值中立的，也无法运用到所有的文化中。例如，大部分传统治疗理论固有的价值观是强调个人主义、强调自我的独立存在、强调个性化是成熟的基础、做决定并承担相应责任的角色应该是个体（而非群体）。"[②] 国内有学者指出："社会主义核心价值观基本内容注重社会的整体建设，同时也强调个体的社会、工作和社交等的具体道德价值观，前者有自由、平等、民主等价值观，后者有敬业、诚信、友善等。"[③] 这即是说，社会主义核心价值观既重视社会和国家的发展，也关注了个体的需求，更强调个体与社会的和谐。为此，既要看到这些理论中或多或少闪耀着人类关于价值观智慧的结晶，与我们倡导的社会主义核心价值观理念存在一致的地方；同时，在理论研究和实践运用中更要厘清西方心理学和心理咨询理论中蕴含的价值观与社会主义核心价值观不一致甚至冲突的方面，并以社会主义核心价值观为引领和超越，促进心理健康教育的中国化发展。目前，心理健康教育理论发展的中国化趋势已然凸显。

---

① 马建青.高校心理健康教育与思想政治教育结合 30 年的研究 [M].杭州：浙江大学出版社，2017：64.

② 科里.心理咨询与治疗的理论及实践（第八版）[M].谭晨，译.北京：中国轻工业出版社，2018：34.

③ 冉亚辉.论社会主义核心价值观基本内容的理论内涵与伦理意义 [J].理论月刊，2015（2）：166.

一、高校心理健康教育理论的发展呈现中国化趋势

心理学是研究人的科学，人的心理既有普遍性又有特殊性，普遍性存在于特殊性之中。心理健康教育不仅关注现实生活中的人，还会特别关注人所生活的现实。心理学理论和方法是心理健康教育理论和方法的重要源头。心理学中国化（也称本土化）对心理健康教育中国化必然产生直接的影响。心理健康教育本土化的重要基础之一就是心理学的本土化。心理学的本土化是一项全球化运动，具体到我们中国，也有学者称之为中国化。因此，文中以下中国化与本土化为同义。之所以要进行本土化、中国化，主要是因为"生活在不同文化规范下的人所具有的心理是不同的"①。

（一）融入是顺应心理学和心理咨询中国化发展的趋势

郑莉君 2003 年在《心理科学》上撰文："心理咨询和心理健康教育研究的中国化，是指心理咨询和心理健康教育研究要紧紧围绕我国国情和教育发展的实际情况，建立有中国特色的心理咨询的理论模式。"②中国化是在"中国的社会文化背景下来研究心理问题，研究中国人的心理咨询和心理健康教育的特点，……把心理健康教育与精神文明建设结合起来"。③心理健康教育中国化的目的，"在于考察本土文化中的特定心理行为，在于考虑到反映本土文化传统的心理生活的意义，在于发展能够解释特定心理行为的模式和理论，在于建构适合本土的心理教育体系。"④2004 年，第一届心理学研究的中国化学术研讨会明确了心理学研究中国化的基本原则："第一，中国心理学发展必须关注中国经济社会发展中所提出的问题，而且只有在解决这些问题的同时才能促进心理学

① 侯玉波，朱滢 . 文化对中国人思维方式的影响 [J]. 心理学报，2002(1)：106-111.

② 郑莉君 . 关于心理咨询和心理健康教育中国化的思考 [J]. 心理科学，2003（1）：167.

③ 郑莉君 . 关于心理咨询和心理健康教育中国化的思考 [J]. 心理科学，2003（1）：167.

④ 崔景贵 . 学校心理教育的基本理念及其建构 [J]. 思想理论教育，2003（4）：85.

科的发展；第二，推动心理学的中国化，并不排除从西方心理学中获取对我们有帮助的东西；第三，心理学者既要探讨涉及中国人的心理学理论问题，也要关心中国的实际问题，从个体、社会变化和文化等角度探讨中国人的人格、家庭、管理、健康、人际关系等问题，为中国社会和谐发展做出自己的贡献。"①2007 年黄希庭提出，"在研究中国人的心理和行为时不盲目套用他国（特别是西方）的现成概念、方法和理论，而是脚踏实地地考察我国人民的社会、文化、历史和其他相关背景，创造性地进行概念分析、方法设计和理论构建，从而得出符合客观实际的结论"。②时任教育部思想政治工作司司长的冯刚教授强调，"构建中国特色大学生心理健康教育工作体"是高校心理健康教育的"中心目标"，他同时指出，坚持统一世界眼光、中国情怀、时代特征三个构建维度，"注重研究我国高校学生心理特点，创新心理健康教育理论，开发适合我国国情的心理健康测评工具、课程教材、工作模式，尽快形成本土化的心理健康教育运行机制，并使之制度化和规范化。"③

综上所述，心理健康教育的本土化实际上需要将心理学的理论与我国的社会发展、历史文化和时代主题相结合。社会主义核心价值观传承了我国优秀传统文化，与"两个一百年"奋斗目标相契合，同时也是马克思主义中国化的理论成果。社会主义核心价值观融入高校心理健康教育，能很好地揭示我国历史文化与社会环境对新时代高校学生心理特点和发展规律的作用及影响；融入既有利于更好地为解决当今中国的社会心理问题提供参考，进而更好地促进心理咨询和心理健康教育的中国化发展，又可以为全球心理健康教育的发展贡献中国智慧。

---

① 王登峰，侯玉波．"心理学研究的中国化"学术研讨会纪要 [J]．心理学探新，2005(6)：80．

② 黄希庭．构建和谐社会呼唤中国化人格与社会心理学研究 [J]．心理科学进展，2007(2)：193-195．

③ 冯刚．立标准 建机制 探索建设中国特色大学生心理健康教育工作体系 [J]．学校党建与思想教育，2014(12)：5．

（二）融入是对心理健康教育中国化发展的传承

从一定意义上讲，我国心理健康教育的发展历程，就是中国化的过程，我国学者对此做过很多阐述。佘双好明确指出："中国高校心理健康教育在形成和发展过程中打上了浓厚的中国特点，形成具有中国特点的高校心理健康教育模式，比如，它与中国高校学生工作结合在一起，强调心理咨询与健康教育过程的主导性，着眼于高校学生心理素质的全面发展，具有更高的治愈标准和更为复杂的咨询过程，形成特定的把心理问题与现实问题、思想问题等相结合的心理疏导方法等。"[1] 马建青在总结我国心理健康教育 30 年发展经验后指出："30 余年来，高校心理健康教育的发展过程始终伴随着思想政治教育与心理健康教育两者关系的理论探讨，伴随着两者结合的实践探索。……成为我国高校心理健康教育的显著特色。"[2] 我国高校心理健康教育的中国化历程表明，心理健康教育与思政的结合是由来已久的，着眼于学生的全面发展是一以贯之的。社会主义核心价值观的融入，既体现了心理健康教育与思想政治教育结合的时代特点，也秉持了其促进学生全面发展的中国风格，是对心理健康教育中国化的传承。

二、融入是对西方心理健康理论中价值观思想的升华

西方心理健康理论中也不可避免地蕴含着价值观思想。本书着重从精神分析理论、认知行为理论、人本主义理论和积极心理学理论等方面阐述社会主义核心价值观的融入是对西方心理健康理论中价值观思想的升华。

（一）融入是对精神分析理论所蕴含价值观的完善

精神分析学派中不同时期的代表人物对于价值观强调的重点不同，其理论中所蕴含的价值观的思想也不同。本书选取了阿尔弗雷德·阿德勒、埃里希·弗洛姆做简要分析。

第一，融入是对阿德勒个体心理学理论蕴含价值观思想的完善。阿

---

[1]　佘双好.中国高校心理健康教育模式的生成与发展 [J].学校党建与思想教育，2016（4）：27.

[2]　马建青，欧阳胜权.论中国特色高校心理健康教育模式的构建 [J].思想理论教育，2019（11）：97.

德勒认为人的身心是整体，人的行为不是取决于弗洛伊德所说的性本能，而是由弗洛伊德所忽视的社会力量决定的。

阿德勒对于个体秉持爱国等价值观抱持非常积极的态度。他明确指出："在国家动向上，如果当政者的目标是在将儿童培育成良好的公民并增加其社会感觉，使他们尊重自己的传统，崇敬自己的国家，并按照他们认为最理想的方式来改变或者制定法律，那么我们对其努力也不应表示异议。"[①]

阿德勒提出的"生活的意义"概念蕴含着敬业的价值观。他明确提出，"奉献乃是生活的真正意义。"[②]他认为"生活的意义是对同伴发生兴趣，作为团体的一分子，并对人类幸福贡献出自己的一份力量"。[③]"假若一个人在他赋予生活的意义里，希望对别人能有所贡献，而且他的情绪也都指向了这个目标，他自然会把自己塑造成最有贡献的理想型态。"[④]

阿德勒对"社会兴趣"的关注体现了诚信和友善的价值观。相对于弗洛伊德，阿德勒的关注视野更为宏观。阿德勒指出，"生命的意义在于奉献，对他人感兴趣，相互合作。"[⑤]在阿德勒看来，"社会兴趣"是指人们作为社会的一员，应该对创造人类和谐友好的生活、建立美好社会负有责任。"我们并不是人类种族的唯一成员。我们四周还有其他人，我们活着，必然要和他们发生关联。个人的脆弱性和种种限制，使得他无法单独地达到自己的目标。个人为自己的幸福，为人类的福利，所采取的最重要的步骤就是和别人发生关联。"[⑥]从这种宏大叙事的描述中，可以窥探到阿德勒从人类生存和发展的视野指出了用友善和合作的态度去与他人发生联结的重要意义。从这些内容的描述中，以及他在具体的心理健康教育实践中的表现，可以将之理解为与人为善的价值追求。

① 阿德勒.自卑与超越[M].黄光国，译.北京：作家出版社，1986：213-214.

② 阿德勒.自卑与超越[M].黄光国，译.北京：作家出版社，1986：14.

③ 阿德勒.自卑与超越[M].黄光国，译.北京：作家出版社，1986：11.

④ 阿德勒.自卑与超越[M].黄光国，译.北京：作家出版社，1986：13.

⑤ 阿德勒.生命对你意味什么[M].周朗，译.北京：国际文化出版公司，2000：6.

⑥ 阿德勒.自卑与超越[M].黄光国，译.北京：作家出版社，1986：10.

阿德勒在咨询中特别注重平等的观念。对于神经症患者的帮助，他说："我的种种努力都是想要增加病人的社会兴趣。我知道他们疾病的真正原因是缺乏合作精神，我要他们也看出这一点，只要他能站在平等合作的立场上，和他的同伴发生联系，他便痊愈。"①"它们（家庭和学校）的目标是教育孩子成为良好的公民，成为全体人类平等的一分子。只有在这种情况下，他才能积蓄起勇气，不慌不忙地应付其问题，并为它们找出能增进他人幸福的答案。"②

阿德勒的理论，生动地说明了心理咨询和心理健康教育中蕴含着丰富的价值观教育思想。在介绍和使用阿德勒相关理论时，既要对其中的价值观思想精髓进行阐述，又要用社会主义核心价值观进行转化和发展。

第二，融入是对弗洛姆心理健康教育理论所蕴含价值观的优化。弗洛姆是新精神分析学派的代表人物之一，是精神分析社会文化学派的杰出代表。弗洛姆善于采用社会批判的方法，对具体的、历史的社会中的人进行深刻的剖析和批判，得出具有历史性的观点和结论。"弗洛姆创造性地提出了社会无意识和社会性格的理论，从某种程度上说，是对马克思主义的继承和发展。"③

弗洛姆强调平等的思想。"平等意味着一个人绝不是另一个人达到目的的手段，所有的人都是平等的、因为他们都是目的，并且只能是目的，但绝不是相互利用的手段。……平等定义为消灭剥削、消灭人与人之间的相互利用，不管这种相互利用是残忍的，还是'人道的'。"④这里的平等在心理健康教育中倡导和谐人际关系中特别重要，是发展和谐人际关系的基础，与社会主义核心价值观倡导的"平等"非常接近。只有人与人之间都享有平等的权利，履行平等的义务，践行平等的思想，社会才能真正接近或者达到平等。

弗洛姆对诚信思想做出阐释。弗洛姆并未用"诚信"这词语，但是

①　阿德勒.自卑与超越[M].黄光国，译.北京：作家出版社，1986：220.

②　阿德勒.自卑与超越[M].黄光国，译.北京：作家出版社，1986：221.

③　陈杰.弗洛姆对马克思人学思想的继承与发展[J].人民论坛，2016（12）：112-113.

④　弗洛姆.爱的艺术[M].孙依依，译.北京：工人出版社，1986：12.

他对此做出了很多相关的阐释。弗洛姆的诚信，首先是对自己的诚实。"我们必须绝对诚实地回答自己：什么是我们正在追求的冲突的目标？为什么它是不可调和的？冲突的结果会给我们带来什么损害？"①现代社会给人们提供了多元多样的选择，如果不能对"我是谁？我到底需要什么？"做出诚实的回答，在面临眼花缭乱的选择时容易不知所措，由此产生各种冲突，甚至引发心理健康问题。

弗洛姆提倡友善。"爱是针对所有的人而言的一种倾向性、一种态度，而不是只涉及某一个人的一种倾向性和态度。"②这种爱，具有博爱的特征。"最根本类型的爱是同胞的爱，它是各种类型的爱的基础。……同胞的爱就是对所有人的爱；它的特点是完全没有排他性。……在同胞的爱中，有一种跟所有的人结合在一起的经验，有一种人类休戚相关、共为一体的经验。"同时，爱还具有文化的烙印，受到文化的影响。"如果说，爱是成熟的创造性人格中的一种能力，那么，就会得出这样的结论：生活在任何特定的文化中的人，其身上所具有的爱能力，是由这种文化对这个普通人的性格所产生的影响决定的。"③弗洛姆直接阐明了个体要获得心理健康必然要友爱地存在，"人必须同他人发生关系。但是如果这种关系是以共生或异他的方式形成的，他便会丧失独立性和完整性；他会虚弱，感到痛苦，变得敌视他人，或者情感淡漠。只有当他以友爱的方式把自己与他人联系起来时，他才能感到在保持自身完整的同时，与他人结合在一起。"④这一论述与社会主义友善核心价值观有相似之处。

弗洛姆的"尊重"理论细化了其友善观。"尊敬，意指能客观地观察一个人并能意识到这个人的独特个性。尊敬，还意味着让对方任其天性地自由成长和顺利发展以及关心对方的成长和发展。"⑤这种尊重，即是友善的前提。在心理健康教育中倡导的友善人际关系，必然强调对对方的

---

① 弗罗姆.生命之爱[M].王大鹏，译.北京：国际文化出版公司，2007：53.
② 弗洛姆.爱的艺术[M].孙依依，译.北京：工人出版社，1986：41.
③ 弗洛姆.爱的艺术[M].孙依依，译.北京：工人出版社，1986：74.
④ 张公社.中国心理健康教育理论研究的几种取向[J].教育科学，2003（3）：58.
⑤ 弗洛姆.爱的艺术[M].孙依依，译.北京：工人出版社，1986：24.

尊重，这是我们的言行举止能被对方解读为友善的关键环节。与此同时，弗洛姆进一步强调，尊重是目的而不是手段，尊重的前提则是自身的完善状态。"尊敬不包含有利用的意思。我希望我所爱的人从其所好，施其良方，健全地成长和发展起来；对我所爱的人，我不会怀有使他或她为我服务的目的。如果我爱对方，我感到同他或她就是一个整体；这并不是按照我的需要把他或她感觉成被我所利用的对象而是按照他或她自身的特点感到同他或她是一个整体，不言而喻，只有在我获得独立的前提下才有可能谈得是哪个尊敬。如果我不需要拐杖就能站立行走，那么，我就不必支配和利用别人。"①

　　弗洛姆心理健康教育理论所蕴含的价值观思想，为我们在心理健康教育中融入社会主义核心价值观提供了结合点。同时，社会主义核心价值观的丰富内涵，则是对弗洛姆价值观思想的优化。比如，爱国核心价值观不仅是爱同胞，还包括对我们历史文化的爱，对我们祖国美丽河山的爱。这些爱一样对个体的心理健康具有促进作用。社会主义平等核心价值观所包含的内容也升华了弗洛姆的平等思想。我们的社会主义友善核心价值观，强调"君子和而不同"为尊重划清了界限，不仅尊重对方，也尊重自己内在的需要和核心的价值追求。

（二）融入是对认知行为学派理论的改进和发展

　　认知行为学派强调认知因素对人心理和行为的决定性影响，认为"一切问题均出自不良认知，因此，通过认知上的自我调节，消除不合理观念集群，输入合理观念，再加上好的环境诱因，就能消除烦恼，恢复心理健康"②。

　　理性情绪理论（Rational-emotive therapy，REBT）是认知学派的基础理论，这一理论的内核之一是阿尔伯特·埃利斯的 ABC 理论。埃利斯的 ABC 理论指出，"诱发性事件 A 只是引起情绪及行为反应 C 的间接原因，而 B 即人们对诱发性事件所持的信念、看法和解释才是引起人的情

①　弗洛姆.爱的艺术 [M].孙依依，译.北京：工人出版社，1986：24.
②　张公社.中国心理健康教育理论研究的几种取向 [J].教育科学，2003（3）：58-61.

绪及行为反应的更直接的原因，合理的信念会引起人们适度的情绪反应，而不合理的信念则会导致不适当的情绪和行为反应……"① 因此，认知流派的心理咨询将重心放在改变或修正扭曲的认知，主要目标是帮助来访者找出不现实的、不合理的错误、扭曲的观念，并帮助他建立较为现实的认识问题的思维方法，减少扭曲的认知造成的情绪及行为不良后果。虽然认知行为疗法的理论有很多种，但是对于价值观的高度重视却是一致的。正如国外研究者所指出的那样，"在所有的认知行为疗法中，探索的个体的价值观和核心信念都占据着十分重要的地位"②。不仅如此，认知流派心理咨询师评判"不合理的错误、扭曲的观念"的标准，不仅有咨询师个人的价值准则，还有社会的价值取向和国家的价值目标的参与。他们用以指导来访者建立"理性的认知"的依据，也要依托主流的、核心的价值观的影响。

因此，我国高校心理健康教育要发挥认知行为理论的优势，并避免它的短板，就需要社会主义核心价值观的融入。首先是在面对全体学生开展的心理健康知识普及中，将社会主义核心价值观融入其中，让更多的高校学生了解心理健康与社会主义核心价值观的相关性，以便他们能够更好地理解和自觉践行，从源头上减少价值观的冲突带来心理健康问题。其次是心理咨询师需要对社会主义核心价值观有深度的理解和认同，便于他们在心理咨询中，及时识别来访学生心理健康问题的核心信念与价值观的关联性，便于用社会主义核心价值观进行科学的干预。最后是心理咨询师能够在心理咨询中自觉地融入社会主义核心价值观的理念，更多地用平等的观念和友善的态度开展咨询工作，减少因采用认知行为理论给来访者可能产生的伤害。据此，本书认为社会主义核心价值观的融入，是对该理论的促进和发展。

（三）融入是对人本主义理论蕴含价值观的拓展

人本主义心理学代表人物罗杰斯和马斯洛的理论和观点中蕴含着很

① 张公社 . 中国心理健康教育理论研究的几种取向 [J]. 教育科学，2003（3）：58-61.
② Gerald Corey. 心理咨询与治疗的理论及实践（第八版）[M]. 谭晨，译 . 北京：中国轻工业出版社，2018：212.

多价值观教育思想，他们在心理咨询实践中也体现着敬业、诚信和友善等价值观的思想。

第一，罗杰斯特别强调诚信友善的价值观。罗杰斯于 20 世纪 40 年代首创了来访者中心疗法，他的主要观点是任何人都有着积极的、奋发向上的、自我肯定的、无限成长的潜力。在"来访者中心疗法"中，罗杰斯将咨询师与来访者的关系"视为纯正的人与人的关系，互相尊重、互相交流，从而让来访者在与人的相处中寻求到心理的最佳状态，体会生命的意义"①。也就是说，罗杰斯创立的来访者中心疗法是以真诚、尊重和理解为基本条件。罗杰斯的来访者中心疗法主要包括人性观、人格理论和治疗条件三大部分。

在人性观上，罗杰斯认为人的天性是积极的、建设性的、向善的。同时，他认为"实现趋向"（actualizing tendency）是存在于每个人生命中的驱动力量，它使个体变得更具差异性、更独特、更有社会责任。这里，罗杰斯依然强调了"社会责任"，但是对于个体需要承担何种社会责任并没有说明。社会主义核心价值观可以说是个体在国家发展、社会进步和个人成长三方面具有的责任，是"大德、公德和私德"相统一的社会责任。

罗杰斯人格理论中"价值条件"概念也隐藏着价值观教育。罗杰斯所指的价值条件是只有个体的行为令"重要的人"满意时才会被关怀，而不能够令"重要的人"满意时将得不到关怀。他认为"价值条件"（conditions of worth）是一切人出现适应不良问题的中心。可以据此推论：如果"重要的人"具有诚信、友善的观念，那"价值条件"可能就不存在，进而不会产生心理失调；如果社会主义核心价值观融入了心理健康教育中，则高校学生在参加心理课程学习、心理健康教育实践活动和心理咨询等环节中，感受到了友善、诚信等，则会减少心理健康问题的发生；如果咨询师具有友善和诚信的价值观，则来访者更容易被听见、

---

① 汪新建，熊世育.评介罗杰斯"个人中心疗法"的哲学基础 [J].自然辩证法研究，2001（9）：8.

被理解和被尊重，从而更好地维护心理健康状况。从这个意义上讲，罗杰斯是在从另一面强调友善、诚信等价值观的重要意义。

治疗条件设置体现了价值观的重要影响。罗杰斯认为个人中心疗法的目标在于启发和鼓励个体潜在能力的发挥，促进其成熟过程，心理咨询的过程就是要使他们"变成自己"。罗杰斯认为要实现这个目标的治疗条件是坦诚（genuineness）、无条件关怀（unconditional positive regard）以及情感理解（empathic understanding）。在这里，罗杰斯明确提出了与诚信和友善密切相关的价值观。很难想象，如果心理咨询师离开了友善和诚信的核心价值观，如何能够满足罗杰斯的条件设置。

第二，马斯洛倡导敬业、诚信和友善的价值观。马斯洛通过研究后明确指出："自我实现者无一例外都是献身于一项身外的事业，专心致志地从事某种工作，某项他们非常珍视的事业，他们从事于命运以某种方式安排他们去做的事，同时他们也喜爱这件事，因此工作与欢乐的分歧在他们身上消失不见了。"①

马斯洛对治疗师的规定反映了平等、友善、诚信的价值观。他对治疗师秉持的价值观进行了说明，"治疗师必须是这样一个人：……他必须热情，充满同情心，他必须能够自信地给予他人以尊敬，就心理学意义而言，他应该在本质上是一个平等待人的人。"②从中，不难看出，马斯洛对于咨询师在平等、友善、诚信等价值观的推崇。

马斯洛对咨访双方关系的匹配上明确强调价值观的重要性。"患者与心理治疗师最好应当双向选择，进一步讲，这一选择不应仅仅建立在名誉、金钱、技巧训练、技能等之上，还应建立在普遍的人类好感之上。"③他指出诚信、友善等是心理治疗中良好人际关系的基础，"良好的友谊作

---

① 马斯洛.人的潜能和价值：人本主义心理学译文集[M].北京：华夏出版社，1987：257.

② 马斯洛.动机与人格[M].许金声，译.北京：中国人民大学出版社，2013：110.

③ 马斯洛.动机与人格[M].许金声，译.北京：中国人民大学出版社，2013：102.

为我们良好人际关系范例，……相互间的坦率、信任、诚实、友善都可以看成是在其表面价值之外，还有附带的表达性、宣泄性的释放价值。"①

人本主义心理学在我国心理健康教育领域里产生了深远影响，至今颇受欢迎。我们在看到这些价值观与社会主义核心价值观有很多相近之处的同时，也要清醒地认识到，其主要是以西方的价值理念形态出现的，具有主观主义价值论和自然主义价值论倾向的缺陷。虽然他们比较重视个人的成长和发展，但是对个人的社会责任和社会义务重视不够。正是由于人本主义心理学理论存在上述问题，并且其蕴含的价值观本质上与中国特色社会主义核心价值观有差异，因此需要融入社会主义核心价值观进行发展和超越。

（四）融入是对积极人格理论蕴含价值观的升华

后现代心理学理论众多，其中积极心理学理论反映了西方心理学理论的发展趋势，在我国目前的心理健康教育中影响很大。其积极人格理论蕴含的价值观与社会主义核心价值观有很多相通之处。

积极心理学中的积极特质包含智慧、勇气、仁慈、正义、克己、超然等6种美德和24项个人优势，"如创造性、兴趣、开放、爱学习、智慧、勇气、勤奋刻苦、诚实、热情、爱、仁慈、社会智力、忠诚、公平、领导能力、宽恕、谦虚、谨慎、自制、对美的欣赏、感恩、希望或乐观、幽默、笃信"。②积极心理学成为心理学发展的国际趋势，在我国心理学界的影响日趋扩大。

有研究者认为"积极心理学的价值观与我们所倡导的社会主义核心价值观和理想高度吻合"。③积极心理学理论中体现的"爱、社会智力、感恩、希望"中蕴含着"爱国"的核心价值观；在"创造力、热爱学习、热忱、团队合作"中蕴含着"敬业"的社会主义核心价值观的思想；在"本真、谨慎、稳重"中蕴含着"诚信"社会主义核心价值观的内涵；在"善良、爱、欣赏、感恩"中也蕴含着"友善"社会主义核心价值观。

---

①　马斯洛.动机与人格 [M].许金声，译.北京：中国人民大学出版社，2013：107.

②　卡尔.积极心理学（第二版）[M].丁丹，译.北京：中国轻工业出版社，2015：65.

③　刘翔平，曹新美.给心理健康教育注入积极心理学因素 [J].教育研究，2008（2）：92.

高校心理健康教育一直保持着马克思主义与时俱进的品质，在经历了面向少数个体、强调治疗功能的医学模式后，实现了面向大部分群体、强调发展功能的医学＋教育＋社会模式的转变。受积极心理学的影响，今天高校的心理健康教育也越来越强调培养学生的美德和优势等积极特质和积极关系。但积极心理学毕竟立足于西方哲学，有其自身的局限性和对高校学生的不适应性，因此需要融入社会主义核心价值观进行升华。

第四节　实效性：有利于高校学生心理健康

个体价值观对个体的心理健康有深远影响。价值观对个体心理健康的重大影响有自身的作用机制，错误的价值观容易导致心理问题，价值导向不够鲜明不利于心理潜能开发，正确的价值观有利于心理健康的维护，社会主义核心价值观可以促进个体心理健康。

一、错误的价值观容易引发心理问题

价值评价偏差容易引发心理危机。价值评价偏差是指个体根据一定的标准对客观事物或自身行为有无价值及价值大小所做出的肯定或否定的判断与真实情况大不相符或大不一致的情况。人本主义学派卡尔·兰桑·罗杰斯认为，"心理失调的根本原因在于个体在成长过程中摄入并内化了大量环境加给他的价值观，……产生失调。"[1]有研究者指出，"自卑、自负心理就是因自我评价不正确，过多地自我否定或自我肯定而引起的一种自惭形秽或狂妄自傲的情绪体验。"[2]

因此高校在心理健康教育中需要重视对学生价值观的引领。目前，高校不仅要用社会主义核心价值观适时对学生进行正确的价值观教育和

---

[1]　江光荣.心理咨询与治疗[M].合肥：安徽人民出版社，2001：90.
[2]　曾屹丹.价值观冲突对心理健康的影响[J].渝西学院学报（社会科学版），2004（12）：90.

引导，还要以社会主义核心价值观为标准，鉴别错误价值观给学生心理健康带来的负面影响，避免引起心理健康问题。

二、正确的价值观有助于维护心理健康

价值观从深层次影响着人们的行为方式、认知方式，而人们的行为方式、认知方式又会影响心理健康。因此，正确的价值观有利于维护心理健康。

正确的价值观为心理健康提供保证。"拥有正确价值观是个体心理健康的重要保证，虽然事后的咨询和治疗可以在一定程度上解决个体心理问题，但形成正确积极的价值观对个体心理健康具有根本性的作用。"① 有学者在研究了价值观对心理健康的影响后指出："价值观直接对心理健康产生影响，并通过消极应对方式对心理健康间接产生影响。价值观是应对方式和心理健康的基础和重要保证，只有拥有正确积极的价值取向，才会在生活中、在困难面前选择正确积极的应对方式，才会拥有健康的人生。"② 这也再一次体现了大学生价值观教育的重要作用。

正确的价值观促进个体形成合理认知价值观作为认知的决定因素，是刺激与反应的中介。而认知协调、情绪稳定，适应良好等是个体心理健康的重要影响因素。有研究者指出："心理健康正常人群和非正常人群之间价值观确实存在显著差异。"③ 个体抱持的认知观点根本上取决于其持有的价值观。根据认知疗法理论主要创始人贝克的观点，认知是决定情绪及行为的主要因素。由此，如果个体有正确的价值观，更加容易改变不合理观念，对各种问题的认知和行为进行协调，进而避免、减轻甚至消除问题症状。

正确的价值观为个体采取恰当的行为方式奠定基础。应对方式是一

---

① 辛志勇，姜琨．论青少年的价值观教育 [J]．人民教育，2005(18)：5-9.

② 王伟，辛志勇，雷雳．大学生价值观与其应对方式、心理健康的关系 [J]．中国人民大学教育学刊，2012（4）：98.

③ 张麒．上海大学生价值观与心理健康的相关研究 [D]．上海：华东师范大学，2001.

个完整体系，是个体在面对压力时可能采取所有应对行为的综合，应对方式是影响心理健康的一个主要因素，"它可以解释心理健康影响因素的9.1%，并且应对方式各维度与心理健康各因子之间都有较高的相关。"①价值观和价值取向为人们提供了一个思考问题的视角，不同价值取向的人在面对同一个问题时，会产生不同情绪感受，进而影响心理健康。价值观对这种综合应对行为具有解释、预测和导向作用。

三、社会主义核心价值观可以促进高校学生心理健康

已有研究表明，大学生的价值取向可以有效预测他们在遇到问题时所采取的应对方式，"如果大学生追求品格高尚，那么他们在面对压力时就会更多采用积极应对方式（解决问题），较少采用退避、合理化等消极应对方式。"②个体的明确价值观有助于减少内心冲突，主流价值观则有助于个体适应社会和环境，增进人际和谐，增强社会支持系统，确立高远且可行的生活目标，发挥自己的潜能，促进自我实现。价值观对个体心理健康的影响具有自身的作用机制。

习近平指出："青年的价值取向决定了未来整个社会的价值取向，而青年又处在价值观形成和确立的时期，抓好这一时期的价值观养成十分重要。"③大学生正处在价值观的"灌浆期"，他们容易受到不同价值观的影响，同时这种影响也比较深远。错误的价值观容易导致他们的心理问题及其衍生问题，正确的价值观有利于他们的心理健康。高校心理健康教育，从根本上讲要以树立正确的世界观、人生观、价值观为前提，需要社会主义核心价值观的引领。

（一）融入社会主义核心价值观有利于高校学生人格的完善

人格的完善体现为良好的个体适应能力，包括自我适应及适应外界，

---

① 王伟，辛志勇，雷雳.大学生价值观与其应对方式、心理健康的关系 [J].中国人民大学教育学刊，2012（4）：97.

② 王伟，辛志勇，雷雳.大学生价值观与其应对方式、心理健康的关系 [J].中国人民大学教育学刊，2012（4）：95.

③ 中央文献研究室.习近平谈治国理政 [M].北京：外文出版社，2014：172.

大学生许多心理问题的产生与适应能力有关，社会主义核心价值观的指引能使个体更加明确个人的目标追求和内在需求，不断完善自我；同时，还可以更好地了解社会，适应社会，进而形成健康的人格。

（二）融入社会主义核心价值观有利于激发高校学生能力的发展

根据人本主义的理论，自我实现是个体需求层次的最高追求。心理健康教育也是一种促进个体自我能力提升和潜能开发的过程。社会主义核心价值观的引导，可以让高校学生进一步明确个人的能力的发展和自身价值的实现与自己国家的富强和民族的振兴休戚相关，进而更好地激发他们积极主动地发展能力。

（三）融入社会主义核心价值观有利于高校学生理性平和心态的培养

在心理健康教育中融入社会主义核心价值观，使大学生在正确科学的价值观的指引下融入社会，可以使大学生在成长过程中产生诚信、友善的亲社会行为，进而形成理性平和的心态。

第三章　社会主义核心价值观融入高校心理健康教育的现状调查

　　社会主义核心价值观融入高校心理健康教育，既是心理健康教育理论发展的内在需要，又是高校心理健康教育实践的现实诉求。为了解社会主义核心价值观融入高校心理健康教育的现状、成因和高校心理健康教育对融入的需求，本书面向全国高校心理健康教育工作者开展了问卷调查，并选取部分高校心理健康专职教师进行了访谈，同时对部分高校学生也进行了网络问卷调查。从调查结果看，目前社会主义核心价值观融入高校心理健康教育工作初具主动开展的意识；虽然融入的需求很大但是融入的深度不够，与心理健康教育理论有机结合的程度有待提高。社会主义核心价值观融入心理健康教育各环节的情况从多到少依次为心理健康教育实践活动、心理健康教育课程和心理咨询。由于各高校开展心理危机干预活动的情况不同，这里主要就融入心理健康课程、心理健康教育实践活动、心理咨询以及心理健康教师培育践行社会主义核心价值观的情况四个方面进行讨论。

第一节　开展融入高校心理健康教育调查的基本情况

　　调查主要采取问卷调查和深度访谈两种方式进行。其中，针对高校心理健康教师的问卷调查是通过网络一对一的方式开展的，深度访谈则采取电话和网络结合的方式进行。

一、问卷调查的基本情况

问卷设计情况。本次调查采用的是自编问卷，结合社会主义核心价值观的国家、社会和个人三个层面的内容以及高校心理健康教育的课堂教学、心理健康教育实践活动、心理咨询三个方面编制问卷，向业内专家进行咨询以及在部分高校进行试填之后进行完善，最终形成调查问卷。问卷一共分为三个部分，共计21道题。

调查方式和方法。本次问卷主要通过"问卷星"专业调查平台开展定向网络调查，主要邀请参加2018年中国心理卫生协会大学生心理咨询专业委员会年会的高校心理健康教师在线填写。填写之前，由笔者向填写人员说明了问卷的用途和填写注意事项，在填写人员同意并承诺认真填写的基础上发问卷链接和填写密码进行填写。通过以上操作，最大程度确保数据的真实性和有效性。

问卷结果统计分析。问卷通过"问卷星"自动生成的结果进行统计分析，主要采取了频次统计和变量相关性统计。将数据统计结果与深度访谈的定性分析相结合，重点对社会主义核心价值观融入现状、成因及需求进行解析。

二、深度访谈的基本情况

为深入了解社会主义核心价值观融入心理健康课程教学、心理健康教育实践活动、心理咨询等方面的情况，本书选取了20名不同地区和不同高校的心理健康专职教师进行了深度访谈。

访谈提纲。访谈提纲主要结合问卷调查中的问题进行补充，使访谈对象能够结合自己的理解和本校实际情况对具体的情况进行阐述。在拟定访谈提纲之后，邀请了心理健康教育的学者进行了咨询和修正，最终形成了结构化访谈的提纲。

访谈内容。访谈提纲分别根据社会主义核心价值观融入心理健康教育的课程教学、心理健康教育实践活动、心理咨询以及心理危机干预四个方面设计。其中融入心理健康课程包含整体情况、课程设计理念、教材融入、课程内容融入、教学设计融入等 5 项内容；融入心理健康教育实践活动包含整体情况、活动设计、活动宣传、活动内容总结表彰等 5 项内容；融入心理咨询包含整体情况、心理问题与社会主义核心价值观的相关性、心理咨询师在咨询中的融入情况等 3 项内容；融入心理危机干预方面的情况及原因 2 项内容，共计 15 题。

访谈形式。深度访谈主要通过电话和网络两种方式进行。首先对访谈内容进行必要的解释和界定。比如，"心理健康活动"主要是指非课程教学，并且由学校或者学院层面组织的心理健康教育实践活动；心理咨询师的培训，主要是指上级或学校组织实施的有关心理健康知识、技能、伦理等方面的培训。在访谈对象完全理解访谈提纲内容之后，再逐一进行访谈。

访谈结果。访谈结果与问卷调查结合使用，并对于部分访谈对象提供的信息与问卷调查不一致的情况，进行了分析和讨论。

三、调查和访谈对象的基本情况

本次针对高校心理健康教师的调查采用自编问卷，经过试填和再修改后，借助"问卷星"平台面向参加 2018 年中国心理卫生协会大学生心理咨询专业委员会年会的心理健康专兼职教师开展。

（一）教师来源

本次参与调查的教师共计 305 名，来自全国东部、中部、南部和西部等不同地区的 29 个省、自治区和直辖市的高校。本次调查，涉及的高校比较多，既有"双一流"高校，又有一般地方性高校；既有本科层次办学高校，又有高职高专类学校，详见图 3-1。

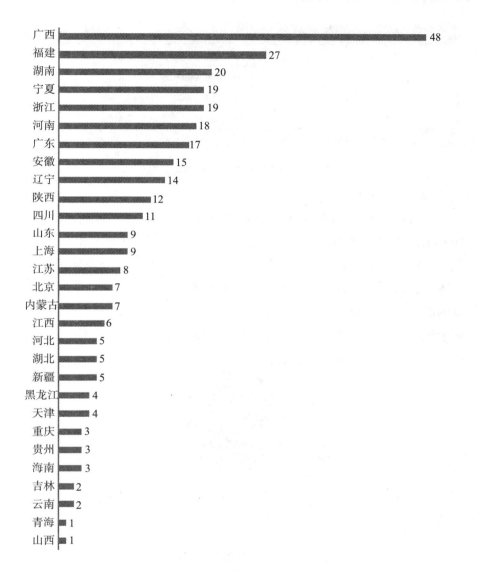

图 3-1　参与调查教师所在省份分布

（二）年龄分布

教师的年龄分布适中，31～49岁的骨干教师占比为69.5%，30岁及以下占比为18.03%，50岁及以上占比12.46%。详见图3-2。

选项◆	小计◆	比例
30岁及以下	55	18.03%
31~40	158	51.8%
41~49	54	17.7%
50及以上	38	12.46%
本题有效填写人次	305	

图3-2　参与调查教师年龄段分布

（三）专业背景

参与此次问卷调查教师的专业背景以心理学及相关专业居多，为59.67%，其次为思想政治教育专业，为19.02%，详见图3-3。这说明，目前高校心理健康教师中心理学专业背景的教师是高校心理健康教育的主体，思想政治教育专业是非常重要的心理健康教育力量。不同专业背景的心理健康教师对社会主义核心价值观融入的态度和需求存在差异，对于开展社会主义核心价值观融入的培训等内容安排上也有不同的需求。

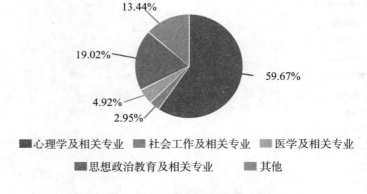

■心理学及相关专业　　■社会工作及相关专业　　■医学及相关专业

■思想政治教育及相关专业　　■其他

图3-3　参与调查教师专业背景情况

（四）学历层次

整体上看，参与调查教师的学历层次以硕士和博士研究生居多，累计占比76.4%，其中博士学位教师占比11.15%。同时，高校心理健康教师队伍中还存在一定比例的本科生，占比为22.29%，详见图3-4。

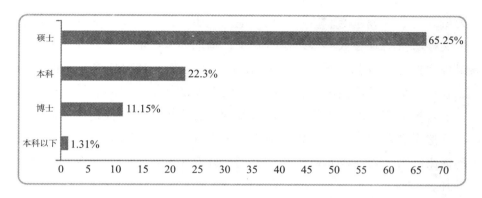

图 3-4　参与调查教师的学历情况

（五）职称结构

本次参加调查的心理健康教师在职称上以中高级职称为主，其中中级职称占比 45.9%，高级职称为 27.54%，无职称和初级职称者占比 26.56%，详见图 3-5。从调查数据上看，结构比较理想。

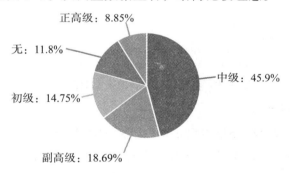

图 3-5　参与调查教师的职称情况

（六）业务背景

受访者的主要业务背景为心理咨询中心教师（以下称心理健康专职教师），占比为 40.98%，其次为辅导员，占比为 20.98%，专业教师为 19.34%，管理干部占比 12.13%，其他兼职教师占比 6.56%，详见图 3-6。高校心理健康教育主要是由心理咨询中心策划、组织和负责实施，因此他们也是高校心理健康教育的骨干力量。从调查数据中还能看出，高校辅导员和专业教师作为心理健康兼职教师也是高校心理健康教育的重要力量。与心理健康专职教师相比，他们能更广泛地与学生接触，在社会主义核心价值观融入心理健康教育中，他们能发挥心理健康专职教师难以替代的重要作用。同时，还有 12.13% 的管理干部担任了心理健康兼职教师。基于目前高校的管理模式，管理干部相对一般的教师对社会主义核心价值观的内涵和意义的理解较深入和全面，在高校构建全员参与心理健康教育模式中，可以充分发挥他们在社会主义核心价值观融入心理健康教育的带头和示范作用，有助于社会主义核心价值观融入成效的提升。

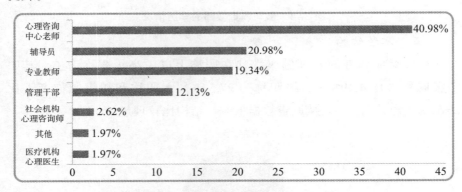

图 3-6　参与调查教师的主要业务背景

（七）工作年限

从事心理健康教育年限在 4 年以上的占比为 75.74%，工作 1-3 年的占比最高为 24.26%，详见图 3-7。因此，受访对象对高校心理健康教育情况比较了解，他们对社会主义核心价值观融入心理健康教育现状和需求的观点也具有一定代表性。

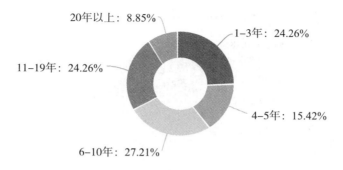

图 3-7　参与调查教师从事心理健康工作年限

（八）参与调查学生的基本情况

本次调查主要针对浙江、广西、福建、四川、河南等省份的部分高校学生开展，共计 2 953 名同学参加调查，男生占比 45.51%，女生占比 54.49%。

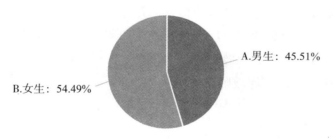

图 3-8　高校学生参与调查学生的性别比

参与调查的高校学生涉及大一到研三的不同年级的同学，其中大二学生占比最高为 38.74%，详见图 3-9。

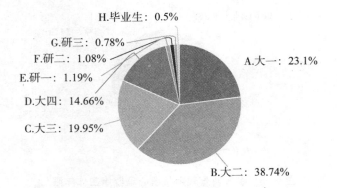

图 3-9　高校学生参与调查的年级分布

（九）深度访谈

为了进一步了解社会主义核心价值观融入心理健康教育的具体情况，本书选择了部分高校心理健康专职教师，主要是心理健康教育中心主任进行了深度访谈。通过拟定访谈提纲，并征求教育部心理健康教育指导委员会部分专家成员的意见后，进行补充和调整，最终确定半结构式访谈提纲，先后向北京、上海、浙江、福建、安徽、江西、广西、湖北等地高校的 20 名心理健康教师做了访谈。

第二节　融入高校心理健康教育课程的现状及成因

心理健康教育课程是高校开展心理健康教育的主要渠道，是高校学生掌握心理健康知识、学习心理健康调节技能、提高维护心理健康意识的主要途径。了解社会主义核心价值观融入高校心理健康教育课程的现状及成因是了解社会主义核心价值观融入心理健康教育的重要内容。

一、心理健康教育课程对融入的需求

47.54% 的调查对象认为"在心理健康教育课程 / 培训中融入爱国、敬业、诚信、友善等价值观"很有必要；认为要"视情况而定"的占比45.25%。明确认为"不太需要"的占 4.26%，认为"没有必要"的只有

1.97%，二者合计只占 6.23%，详见图 3-10。这可能与受访对象对社会主义核心价值观的理解有关。

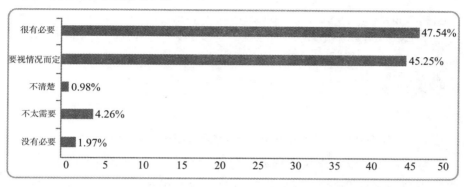

图 3-10 社会主义核心价值观个人层面价值倡导融入课程的需求情况

据此，本书认为高校心理健康教师对社会主义核心价值观个人层面价值倡导融入心理健康教育有需求，而且相对较高。另外，认为"要视情况而定"的学生占了 45.25%，这说明融入心理健康教育课程需要根据不同的讲授内容、不同的授课对象等来确定，需要教育主管部门或高校负责部门对融入采取更加明确的态度。

为进一步了解不同专业背景教师对社会主义核心价值观个人层面价值倡导融入的态度，本书对调查数据做了对比分析。思政专业背景的心理健康教师认为"很有必要"融入的占比最高，为 65.52%，心理学相关专业的占比最低，为 39.01%。这可能与专业背景对心理健康教育的定位有关，也可能与对社会主义核心价值观的认知有关。相对而言，思政专业背景的教师在融入上持肯定态度的较多，他们在融入"要视情况而定"的选择上占比最低为 29.31%；心理学专业教师对于融入的认同度较低，在"没有必要融入"中占比最高。这提示我们，高校在融入过程中还要深入了解不同专业背景的心理健康教师对融入差异的深层次原因，提高融入的适切性，详见图 3-11。

专业	态度					
	很有必要	要视情况而定	不清楚	不太需要	没有必要	小计
心理学及相关专业	71（39.01%）	95（52.20%）	2（1.10%）	9（4.95%）	5（2.75%）	182
社会工作及相关专业	4（44.44%）	5（55.56%）	0（0.00%）	0（0.00%）	0（0.00%）	9
医学及相关专业	8（53.33%）	7（46.67%）	0（0.00%）	0（0.00%）	0（0.00%）	15
思想政治教育及相关专业	38（65.52%）	17（29.31%）	1（1.72%）	1（1.72%）	1（1.72%）	58
其他	24（58.54%）	14（34.15%）	0（0.00%）	3（7.32%）	0（0.00%）	41

图 3-11　不同专业背景的心理健康教师对融入的不同态度

为进一步了解社会主义核心价值观的国家和社会层面的内容融入心理健康教育的需求现状，本书分别对不同的内容进行了调查，详见图 3-12。

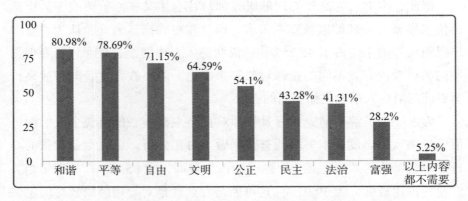

图 3-12　社会主义核心价值观融入高校心理健康教育课程的需求情况

在回答"您认为心理健康课程中需要融入下列哪些内容"时，"和谐"排第一位，占比 80.98%；其次为"平等"，占比 78.69%；再次为"自由"，占比 71.15%。而社会主义核心价值观的其他方面都有被不同程度地关注，"文明"占 64.69%，"公正"占 64.1%。认为不需要融入社会主义核心价值观的国家和社会层面价值倡导的只有 5.25%。

将从业年限与融入态度做交叉分析后发现，随着从业年限的增加，对于"和谐"价值观融入的需求有不断增加的趋势。从业 1-3 年的，占据 70.27%，从业 11-19 年的占 86.49%，从业 20 年以上的教师，认同融入的占据 92.59%。另外，不同从业年限的心理健康教师对于社会主义核心价值观融入的重点没有差异，详见图 3-13。

X/Y	富强	民主	文明	和谐	自由	平等	公正	法治	以上内容都不需要
1-3年	27 (36.49%)	35 (47.30%)	47 (63.51%)	52 (70.27%)	54 (72.97%)	54 (72.97%)	41 (55.41%)	38 (51.35%)	5 (6.76%)
4-5年	13 (27.66%)	19 (40.43%)	30 (63.83%)	39 (82.98%)	31 (65.96%)	38 (80.85%)	27 (57.45%)	19 (40.43%)	1 (2.13%)
6-10年	22 (26.51%)	37 (44.58%)	56 (67.47%)	67 (80.72%)	61 (73.49%)	67 (80.72%)	43 (51.81%)	34 (40.96%)	4 (4.82%)
11-19年	17 (22.97%)	29 (39.19%)	47 (63.51%)	64 (86.49%)	56 (75.68%)	62 (83.78%)	39 (52.70%)	25 (33.78%)	4 (5.41%)
20年以上	7 (25.93%)	12 (44.44%)	17 (62.96%)	25 (92.59%)	15 (55.56%)	19 (70.37%)	15 (55.56%)	10 (37.04%)	2 (7.41%)

图 3-13　不同从业年限心理健康教师对于社会主义核心价值观的融入态度

这说明，国家层面的"和谐"核心价值观被认为是心理健康教育中的重要指标，也说明社会层面的"平等"和"自由"核心价值观也受到心理健康教育从业者的关注。这一调查结果一方面与我国传统文化中崇尚和谐的理念密切相关，另一方面与心理健康教育帮助个人内在和谐，引导人际关系和谐进而促进社会和谐的目标也有一定的关系。

在后续的调查中发现，无论是在心理健康教育实践活动还是心理咨询中，"和谐""平等"和"自由"都是被受访者最认可的三种核心价值观。这说明在心理健康教育的不同环节，都需要融入个人层面的核心价值观，而融入"和谐""平等"和"自由"是一以贯之的行为，同时也不能忽略社会主义核心价值观其他方面的融入。

二、融入心理健康教育课程的现状

本书主要从融入整体情况以及融入教材、教学环节等 3 个方面调查社会主义核心价值观融入心理健康课程的现状。

（一）融入课程的整体情况

为了解具体的融入情况，首先请教师结合本校实际情况对于社会主义核心价值观融入心理健康教育课程的情况进行了评价。

访谈一：福建某大学在心理健康课程中融入社会主义核心价值观的情况

问：整体而言贵校在心理健康课程中是否融入了社会主义核心价值观呢？如果没有，恳请简要说明一下原因。

答：没有，大部分老师没有这种意识。

问：那贵校在心理健康课程设计理念中是否融入了社会主义核心价值观呢？如果融入了，具体体现在哪些方面呢？

答：比较少。单纯心理的内容多。

问：敬请提供一下贵校使用的心理健康课程的教材全称、著者和版次。贵校在心理健康课程教材中是否融入了社会主义核心价值观呢？如果融入了，具体是在哪些章节中或者内容中体现的呢？

答：没有教材。

问：学校上课没有教材吗？

答：是没有统一的教材，老师根据大纲备课自己找的教材。

问：贵校在心理健康课程教学设计中是否融入了社会主义核心价值观呢？如果融入了，请举例说明具体是在哪些环节中体现的。

答：没有。

问：贵校在心理健康课程中融入社会主义核心价值观的其他方式和途径，恳请补充。

答：没有融入。

访谈二：广西某财经类大学在心理健康课程中融入社会主义核心
价值观的情况

问：整体而言贵校在心理健康课程中是否融入了社会主义核心价值观呢？如果没有，恳请简要说明一下原因。

答：是的，有融入。

问：贵校在心理健康课程设计理念中是否融入了社会主义核心价值观呢？如果融入了，具体体现在哪些方面呢？

答：在大学生的人际交往、恋爱课程中，融入了诚信和友善的社会主义核心价值观；在大学生的职业生涯规划与心理健康中，融入了爱国、敬业、诚信和友善的社会主义核心价值观。

问：好的，谢谢！敬请提供一下贵校使用的心理健康课程的教材全称、著者和版次。贵校在心理健康课程教材中是否融入了社会主义核心价值观呢？如果融入了，具体是在哪些章节中或者内容中体现的呢？

答：我们使用的教材为 2011 年广西师范大学出版社出版的《大学生心理健康教育课程》。在第八章大学生的人际关系与心理健康，第三节大学生人际关系的经营与开发中涉及的人际关系经营的原则里，融入了诚信和友善的价值观；在大学生的恋爱与心理健康，第二节大学生爱的学习与成长中，融入了诚信和友善的价值观；在第九章大学生生涯规划与心理健康，第二节大学生的学业生涯和第三节大学生职业生涯规划中，融入了爱国、敬业、诚信和友善的价值观。

问：贵校融入的内容还是很多的。我有个疑惑，就是 2011 年版教材出版的时候，应该没有提出社会主义核心价值观，你们的融入是怎么做到的呢？

答：我们是老师在上课的时候自己增加的内容。

问：好的，谢谢！那贵校在心理健康课程教学设计中是否融入了社会主义核心价值观呢？如果融入了，请举例说明具体是在哪些环节中体现的。

答：是的，我们在教学设计的环节中，在课堂导入、拓展延伸、课程小结和课后反思中融入了。

问：那是心理健康教育教研室或者你们中心统一要求融入的呢还是个人自发融入的呢？

答：我们没有做过正式的要求，但是提出过要结合实际情况进行课程思政的改革。主要还是老师个人的行为多一些。

问：好的，谢谢！贵校在心理健康课程中融入社会主义核心价值观的其他方式和途径，恳请补充。

答：利用案例教学和现场模拟实践教学的方式，让学生亲身体验会更加让学生对于社会主义核心价值观的真谛。

1. 教师方面

在深度访谈中，有 4 位老师表示将社会主义核心价值观融入了心理健康教育中。但在举例说明具体的融入方式和融入内容时，有 2 位则表示不好说，只有访谈二的老师能够说出比较明确的内容。另外有 16 名教师表示学校没有明确要求融入，可能在教学内容、教学设计和教学环节中有涉及相关内容，但是没有专门做过社会主义核心价值观的融入设计，在集体备课等环节中没有将社会主义核心价值的融入作为重要内容讨论。从访谈中可以看出，目前社会主义核心价值观融入心理健康教育在方式主要是以教师个人自发为主，在融入内容方面仍然是以教师个人的理解为主，缺乏具体的指导意见。

通过问卷调查，可以发现目前社会主义核心价值观融入高校心理健康课程还存在一些问题，主要问题如图 3-14。

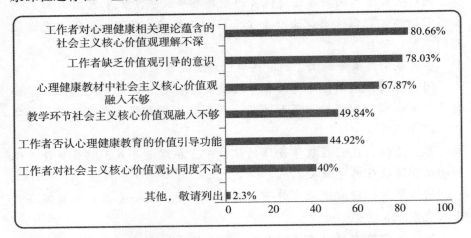

图 3-14　社会主义核心价值观融入高校心理健康课程中存在的主要问题

有 80.66% 的教师表示对心理健康相关理论蕴含的社会主义核心价值观理解不深入，67.87% 的教师认为心理健康教材中社会主义核心价值观融入不够，49.84% 的教师认为教学环节中社会主义核心价值观融入不够。从调查结果看，大部分心理健康教师对于心理健康教育理论中蕴含社会主义核心价值观的理解不够深入，社会主义核心价值观融入心理健康教育教材中也明显不足。

通过对比分析，可以发现以上结论在不同专业背景的教师中有广泛的共识，详见图 3-15。

X/Y	工作者对社会主义核心价值观认同度不高	工作者对心理健康相关理论蕴含的社会主义核心价值观理解不深	工作者缺乏价值观引导的意识	工作者否认心理健康教育的价值引导功能	心理健康教材中社会主义核心价值观融入不够	教学环节社会主义核心价值观融入不够	其他，敬请列出	小计
心理学及相关专业	77（42.31%）	145（79.67%）	143（78.57%）	81（44.51%）	123（67.58%）	94（51.65%）	4（2.20%）	182
社会工作及相关专业	1（11.11%）	4（44.44%）	8（88.89%）	5（55.56%）	7（77.78%）	3（33.33%）	0（0.00%）	9
医学及相关专业	4（26.67%）	12（80%）	11（73.33%）	6（40%）	11（73.33%）	8（53.33%）	0（0.00%）	15
思想政治教育及相关专业	22（37.93%）	49（84.48%）	44（75.86%）	26（44.83%）	40（68.97%）	29（50%）	1（1.72%）	58
其他	18（43.90%）	36（87.80%）	32（78.05%）	19（46.34%）	26（63.41%）	18（43.90%）	2（4.88%）	41

图 3-15 不同专业背景的教师对于融入可能存在的主要问题的评价

其中，思想政治教育及相关专业、心理学及相关专业与医学及相关专业的教师都认为最重要的因素是"工作者对心理健康相关理论蕴含的社会主义核心价值观理解不深"，只有社会工作及相关专业的教师认为是"工作者缺乏价值观引导的意识"是最重要的因素。

2.学生方面

调查显示，有30.35%的学生认为学校开设的心理健康课程中融入了"很多"社会主义核心价值观的内容，50.35%的学生认为心理健康课程中"有"融入了社会主义核心价值观的内容。详见图3-16。

题目/选项	很多	有	不清楚	很少	没有
富强	726 (24.59%)	1347 (45.61%)	657 (22.25%)	177 (5.99%)	46 (1.56%)
民主	790 (26.75%)	1451 (49.14%)	533 (18.05%)	140 (4.74%)	39 (1.32%)
文明	928 (31.43%)	1517 (51.37%)	407 (13.78%)	68 (2.3%)	33 (1.12%)
和谐	958 (32.44%)	1501 (50.83%)	411 (13.92%)	53 (1.79%)	30 (1.02%)
自由	823 (27.87%)	1517 (51.37%)	458 (15.51%)	114 (3.86%)	41 (1.39%)
平等	882 (29.87%)	1488 (50.39%)	464 (15.71%)	84 (2.84%)	35 (1.19%)
公正	867 (29.36%)	1480 (50.12%)	464 (15.71%)	100 (3.39%)	42 (1.42%)
法治	883 (29.9%)	1466 (49.64%)	487 (15.71%)	80 (2.71%)	37 (1.25%)
爱国	1003 (33.97%)	1495 (50.63%)	381 (12.9%)	51 (1.73%)	23 (0.78%)
敬业	908 (30.75%)	1535 (51.98%)	420 (14.22%)	62 (2.1%)	28 (0.95%)
诚信	991 (33.56%)	1531 (51.85%)	364 (12.33%)	39 (1.32%)	28 (0.95%)
友善	995 (33.69%)	1514 (51.27%)	371 (12.56%)	47 (1.59%)	26 (0.88%)
小计	10754 (30.35%)	17842 (50.35%)	5417 (15.29%)	1015 (2.86%)	408 (1.15%)

图 3-16　受访谈学生感受社会主义核心价值观融入心理健康课程情况

（二）心理健康教材中的融入情况

有 67.9% 的教师认为"心理健康教材中社会主义核心价值观融入不够"。教育部非常重视高校心理健康课程建设，早在 2011 年就专门出台了课程开设的指导意见。目前绝大部分高校都开设了心理健康课程，很多还是必修课。教育部也专门组织了专家对心理健康课程的教材进行了编写。各省、直辖市教育主管部门也组织专家编写了部分教材。但无论是教育部还是教育厅，都没有要求各高校采用统一的教材。在深度访谈的过程中了解到，各高校所用的心理健康教材主要是采用本地区或者本校相关教师编写的教材居多。其中社会主义核心价值观内涵有所涉及，但融入得不是很明显，社会主义核心价值观的凝练词汇出现的很少。

（三）教学环节中融入的情况

有 49.8% 的教师提出"教学环节社会主义核心价值观融入不够"。在深度访谈环节了解到，不少高校心理健康课程的教学目前没有统一的大纲，没有集中备课制度，对社会主义核心价值观的融入也没有刚性的要求，主要依靠授课教师自行设置。

三、融入心理健康教育课程现状的成因

目前社会主义核心价值观融入心理健康教育课程现状不是很理想的成因主要有以下三个方面。

（一）教师方面的原因

教师方面存在的原因可能有三个方面。

首先，"工作者对心理健康相关理论蕴含的社会主义核心价值观理解不深"，占到了 80.66%。社会主义核心价值观目前主要是用 12 个词、24 个字进行了凝练，而其本身有着十分丰富的内涵。学界对此做了很多的研究。但是目前的研究成果中，从心理健康教育的角度对社会主义核心价值观内涵进行解析得还不多，不利于心理健康教师的理解。因此，有必要对结合心理健康教育，对社会主义核心价值观的内涵进行专门的阐释，增进他们的理解。

其次，有 78.0% 的调查对象对"工作者缺乏价值观引导的意识"表示赞同。单从调查数据可以得知，大部分调查对象认为心理健康工作者缺乏价值观的引导意识。一方面可能与心理健康教师对本身的角色定位有关，认为自己开展的心理健康教育工作与价值观关系不大，价值观的引导主要是思政工作者的问题。另一方面可能受到心理咨询中"价值中立"观念的影响，让他们在实际工作中"自动"保持了中立态度。

最后，有 40% 的调查对象认为"工作者对社会主义核心价值观认同度不高。"这一数据提示我们，社会主义核心价值观在高校的认同和内化还需要进一步加强，同时对于高校心理健康教师在培训中有必要加强社会主义核心价值观相关的内容，详见图 3-17。

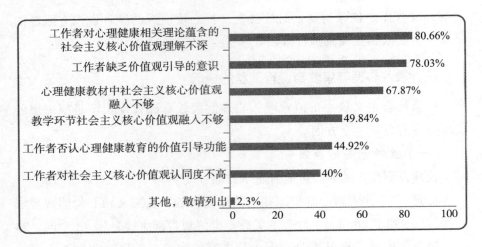

图 3-17　高校心理健康课程中融入存在的主要问题

（二）高校具体负责部门方面

从访谈结果和问卷数据来看，无论是集体备课，还是教材编写，都离不开高校具体负责部门的支持，甚至高校相关领导的重视。这或许与主管部门没有对社会主义核心价值观融入心理健康教育提出明确要求有关，与主管部门没有要求心理健康教师在教学环节中主动践行社会主义核心价值观有关；与没有强调在集体备课和心理健康教育教材教案的编写等环节主动融入社会主义核心价值观也有关系。

第三节　融入高校心理健康教育实践活动的现状及成因

心理健康教育活动（也称心理健康教育实践活动）是心理健康教育的重要组成部分。各高校在日常心理健康课堂教学之外，以"5·25大学生心理健康月"为依托，开设了内容丰富、形式多样、备受欢迎的心理健康活动。社会主义核心价值观融入心理健康教育活动，是融入心理健康教育的重要途径。为此，本书对融入心理健康教育活动的现状、成因及需求进行了相关调查和分析。

一、心理健康教育实践活动对融入的需求

高校在心理健康实践活动中融入社会主义核心价值观的需求依然很大，并且不同专业背景、不同从业年限的心理健康教师对于融入的需求都比较大，详见图 3-18。

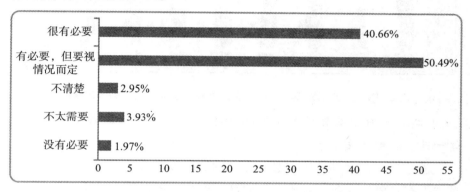

图 3-18　社会主义核心价值观融入高校心理健康教育实践活动的现状

（一）融入需求很大

受访人员认为在心理健康教育中融入社会主义核心价值观是有必要的。其中认为很有必要的占据了 40.66%，认为"有必要"的占据了 50.49%，详见图 3-23。不仅如此，进一步调查后发现，另有 95.7% 的人认为社会主义核心价值观的国家和社会层面也有必要融入，详见图 3-19。由此可知，在融入需求方面，大家取得了比较好的共识。其中"和谐"价值观占比最高，为 81.3%，其次为"平等"占比 79.3%，"自由"占比 73.3%，"文明"占比 69.2%。

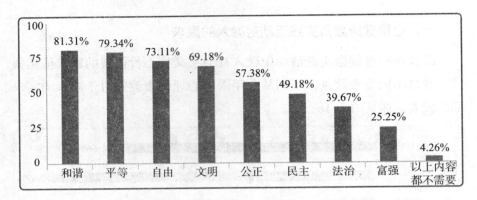

图 3-19　社会主义核心价值观融入高校心理健康活动的需求现状

（二）不同专业背景和不同从业年限的心理健康教师对此态度整体一致，但略有差异

超过 80% 的教师认为有必要在心理健康教育活动中进行融入，其中在"很有必要"选项上占比最高的是"思想政治教育及相关专业"背景的教师，为 55.17%；在"有必要，但要视情况而定"选项上占比最高的是医学及相关专业背景的教师，占比 60%，其次为心理学及相关专业背景的教师，占比 54.95%，详见图 3-20。

X/Y	很有必要	要视情况而定	不清楚	不太需要	没有必要	小计
心理学及相关专业	62（34.07%）	100（54.95%）	5（2.75%）	9（4.95%）	6（3.30%）	182
社会工作及相关专业	4（44.44%）	4（44.44%）	1（11.11%）	0（0.00%）	0（0.00%）	9
医学及相关专业	6（40%）	9（60%）	0（0.00%）	0（0.00%）	0（0.00%）	15
思想政治教育及相关专业	32（55.17%）	25（43.10%）	0（0.00%）	1（1.72%）	0（0.00%）	58
其他	20（48.78%）	16（39.02%）	3（7.32%）	2（4.88%）	0（0.00%）	41

图 3-20　不同专业背景教师对于个人层面价值倡导融入心理健康教育实践活动的态度

（三）融入注意事项

认为在心理健康教育活动中融入社会主义核心价值观，需要"视情况而定"的占据了 50.5%。这说明，一方面，超过一半的心理健康教师意识到了在心理健康教育活动中要结合情况进行有机融入，需要注意方式方法。另一方面，也说明社会主义核心价值观融入心理健康教育活动也要做好设计，在融入的具体的环节、融入的内容以及形式上，既要考虑学生的接受程度、接受形式，还要考虑活动环节、活动情景和高校的办学特点等情况。经过向回答了"视情况而定"的老师求证后得知，融入主要考虑以下三种因素：首先是参与活动学生的需求情况。如果参与学生群体有需要，就要想办法充分融入；如果学生对价值观方面的需求不是很高，则不适合过多融入。其次是活动内容本身是否适合融入社会主义核心价值观。比如，融洽人际关系、心理减压、职业规划等活动可以充分融入社会主义核心价值观；如果是情感问题、情绪管理等方面的内容融入就要找机会，甚至不一定要融入。最后是活动指导老师的因素。如果老师对活动的原理和社会主义核心价值观都有充分的理解，融入就会提升活动开展的效果；如果教师对两者的内容尤其是结合之后的内容把握不好，也不适合过多的融入，否则有弄巧成拙的可能。

二、融入心理健康教育实践活动的现状

社会主义核心价值观融入高校心理健康教育活动的现状整体与课程差不多，在基本融入上略好于课程，在深度融入上依然不够。以下是开展访谈的部分内容。

江苏某大学在心理健康活动中融入社会主义核心价值观的情况

问：整体而言贵校在心理健康活动中是否融入了社会主义核心价值观呢？如果没有，恳请简要说明一下原因。

答：是的，有融入。

问：贵校在心理健康活动设计中是否融入了社会主义核心价值观呢？如果有体现在哪些方面，请简要说明。

答：是，开展主题积极向上的心理健康教育活动，让学生有更多的积极心理体验。

问：贵校在心理健康活动宣传中是否融入了社会主义核心价值观呢？如果有体现在哪些方面，请简要说明。

答：是，选取与社会主义核心价值观一致的心理健康知识、心理书籍、心理电影等。

问：贵校在心理健康活动内容中是否融入了社会主义核心价值观呢？如果有体现在哪些方面呢，请简要说明。

答：是，活动内容积极向上，关注学生的人际相处、自我价值与社会价值的体现等。

问：这些内容的确与社会主义核心价值观相关，但是好像关联度不是很紧密。是否还有其他的活动内容有更加紧密相关的呢？

答：紧密相关的，好像我一下子也想不到了。

问：好的。后面如果想到了，麻烦再补充.贵校在心理健康活动总结表彰中是否融入了社会主义核心价值观呢？如果有体现在哪些方面呢，请简要说明。

答：没有了。

问：好的。那贵校在心理健康活动中融入社会主义核心价值观的其他方式和途径，恳请补充。

答：好像也没有，抱歉！我们好像没有怎么从那个角度思考去开展工作。

（一）学校在心理健康教育活动中安排的融入情况

通过个案访谈了解到，20名访谈对象中，有5人表示社会主义核心价值观融入了所在高校心理健康活动中，并且在活动设计、活动宣传、活动内容中有相关内容。特别是"活动宣传"环节中，"会选取与社会主义核心价值观一致的心理知识、心理书籍和心理电影"，这的确是很有意识的主动选择。如访谈中显示，"活动设计"中融入社会主义核心价值观，只是开展积极向上的心理活动，有积极的心理体验。虽然这也是与社会主义核心价值观倡导一致的举措，但是深度不够；在"活动内容"安排上，谈到的是关注学生的人际关系以及个人价值和社会价值的体验，这的确是对学生价值观的关注，也是高校学生心理健康教育的重要内容，只是在具体内容中并没有看到与社会主义核心价值观的内涵直接相关的方面。同时，在总结表彰等环节并无相关内容融入。所以，整体上可以认为，社会主义核心价值观部分融入了高校心理健康教育活动，但是缺乏融入的体系化设计和深度融入的安排。

（二）学生在心理健康活动中感受到的融入情况

社会主义核心价值观融入心理健康教育活动的情况可以从参与活动的学生中得到部分反馈。有 50.92% 的学生表示社会主义核心价值观"有"融入学校的心理健康教育活动中，但是回答融入"很多"的学生只有 29.34%。学生认为社会主义核心价值观融入心理健康教育活动"很多"的前三位的核心价值观分别是友善（32.0%），爱国（31.87%），诚信（31.63%）。学生在心理健康教育活动中感受到的社会主义核心价值观主要是"平等"（52.18%），"敬业"（51.78%），以及"和谐、自由、公正"，均为 51.74%，详见图 3-21。因此，整体而言，社会主义核心价值观融入心理健康教育活动深度和广度都还不够。

题目/选项	很多	有	不清楚	很少	没有
富强	755（25.57%）	1397（47.31%）	610（20.66%）	136（4.61%）	55（1.86%）
民主	807（27.33%）	1467（49.68%）	526（17.81%）	114（3.86%）	39（1.32%）
文明	892（30.21%）	1527（51.71%）	448（15.17%）	54（1.83%）	32（1.08%）
和谐	888（30.07%）	1528（51.74%）	445（15.07%）	60（2.03%）	32（1.08%）
自由	811（27.46%）	1528（51.74%）	485（16.42%）	91（3.08%）	38（1.29%）
平等	850（28.78%）	1541（52.18%）	445（15.07%）	82（2.78%）	35（1.19%）
公正	857（29.02%）	1528（51.74%）	461（15.61%）	69（2.34%）	38（1.29%）
法治	848（28.72%）	1489（50.42%）	497（16.83%）	87（2.95%）	32（1.08%）
爱国	941（31.87%）	1483（50.22%）	443（15%）	59（2%）	27（0.91%）
敬业	870（29.46%）	1529（51.78%）	455（15.41%）	67（2.27%）	32（1.08%）
诚信	934（31.63%）	1516（51.34%）	430（14.56%）	46（1.56%）	27（0.91%）
友善	945（32%）	1511（51.17%）	419（14.19%）	46（1.56%）	32（1.08%）
小计	10398（29.34%）	18044（50.92%）	5664（15.98%）	911（2.57%）	419（1.18%）

图 3-21　学生在心理健康实践活动中感到融入的情况

由此可见，一方面高校学生感受到了社会主义核心价值观融入心理健康教育活动中，但是在融入的广度上还需要加强。

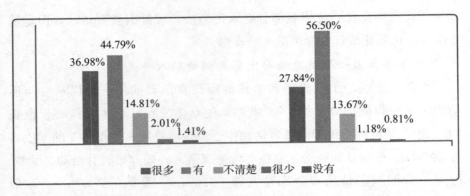

图 3-22　不同性别学生对于社会主义核心价值观融入心理健康教育活动现状的感受

　　将性别因素纳入对比分析后发现，男生和女性在感受"友善"核心价值观融入的态度上也有差异：在融入"很多"选项中，有 36.98% 的男生，只有 27.84% 的女生；而在"有"融入的选项中，有 44.79% 的男生，有 56.5% 的女生，详见图 3-22。

　　将年级纳入对比分析后发现，大一和研究生一年的学生认为融入"很多"的学生占比最高，分别为 40.1% 和 42.9%。这或许与他们适应新环境、新要求，对"友善"的关注度高有关。选择"有"融入的比例最高的是求学的中间段，分别为大三 57.6%，研二 37.5%。或许是他们对于"友善"有了相对深入的认识。这也说明，即使学生们感受融入状况最好的"友善"社会主义核心价值观，其深度融入现状与学生的需求相比也还有差距，详见图 3-23。

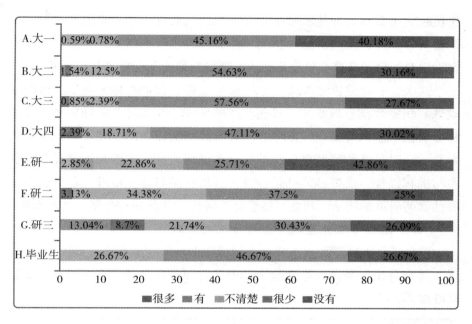

图3-23　不同年级学生对于社会主义核心价值观融入心理健康教育活动现状的感受

在对学生认为融入比较好的核心价值观进一步分析发现，学生认可融入的原因，既可能是因为学生关注这些核心价值观，也可能是心理健康课程中这些核心价值观比较相关。

三、融入心理健康教育实践活动现状的成因

目前社会主义核心价值观融入心理健康教育活动现状的成因主要有三个方面。

（一）高校负责部门方面的原因

首先，责任部门或单位对于融入缺乏明确的要求。一般而言，心理健康教育活动是学校主导的多，也有的是省教育厅甚至教育部会对此做专门的指导。这说明高校学生的心理健康很受重视，尤其对以"5·25"为主题开展的心理健康教育活动得到了高度关注。各高校主要也是在教育厅等教育主管部门的指导下开展相关工作。如果上级主管部门或者高校具体负责单位没有对教师开展心理健康教育活动中融入社会主义核心

价值观提出要求，即使教师有主动融入的自觉性，也很难贯穿全程，难以持久。因此，要改善这一状况，需要教育主管部门加强重视，在指导文件中对社会主义核心价值观融入心理健康教育实践活动进行明确。

其次，心理健康教师设计与社会主义核心价值观融入有关活动的主动性和积极性没有被激发。目前，教师反馈的情况是"活动中社会主义核心价值观融入不多"。实际上，实践活动是课堂的延伸，也是课堂的补充，同时还让教师有更广泛的深化和演绎空间，能够更好地激发学生参与的积极性，发挥他们的创造性，开展更多符合实际的、适合他们需要的喜闻乐见的活动。现状可能是相关部门给予相应的指导、激励不够。

（二）高校心理健康教育教师方面的原因

首先还是教师对社会主义核心价值观的理解不够深入。如图 3-24 所示，排在首位的是高校心理健康教师"对理论蕴含的社会主义核心价值观理解不到位"。

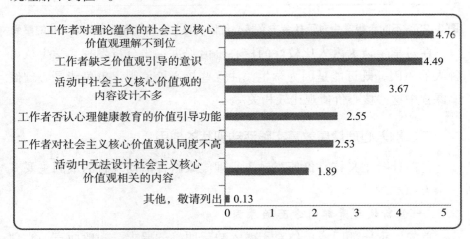

图 3-24　高校心理健康教育活动中融入问题的成因

这一点与在课程中融入很相似，那就是心理健康教师对心理健康教育实践活动所运用理论中蕴含的社会主义核心价值观的内涵缺乏深入的了解和深度的理解。比如，在团体辅导活动中，心理健康教师会邀请同学按照指令迅速找到临时的团队，这需要其他成员友善的接纳，让大家真切地体会到"友善"的意义。如果教师缺乏对"友善"的理解，和可能在活动指导和小结的环节用其他的词语而不是"友善"，进而起不到强化社会主义核心价值观的作用。因此，难以在活动设计和活动宣传、引导、表彰等相关环节的安排上有机融入社会主义核心价值观。

其次是高校心理健康教育工作者缺乏社会主义核心价值观引导的意识。排在第二位的是"工作者缺乏价值观引导的意识"。心理健康教师可能将心理咨询中的价值中立设置移植到心理健康教育实践活动中来，缺乏有意识的引导；当然，也可能是由于自身对社会主义核心价值观内涵理解不够，缺乏引导的知识储备。

（三）高校学生方面的原因

首先是学生认知方面的原因。一般而言，高校学生认为心理健康教育活动主要是让自己放松，找有相同需求的人互相帮助或者宣泄一下，没有认识到心理健康与价值观的关系。因此当高校以民主的方式鼓励学生自主设计和参与活动时，他们很难从社会主义核心价值观的高度去设计问题。

其次是与学生对社会主义核心价值观的理解深度不够有关。由于学生更多的是停留在对社会主义核心价值观24个字的字面意义的理解上，对社会主义核心价值观的丰富内涵、文化底蕴和时代价值等了解不多，即使学校在活动中设计了与社会主义核心价值观相关的活动，也无法从活动中获益。学生反馈给教师的融入需求上没有那么急迫，因此也不利于融入的实施。

第四节　融入高校学生心理咨询的现状及成因

社会主义核心价值观融入高校心理咨询的现状和成因也有其特殊性。

一、高校学生心理咨询对融入的需求

从调查对象反馈结果看，无论是对社会主义核心价值观的整体融入还是对于社会主义核心价值观个人层面融入，心理咨询的需求都很大。

（一）对社会主义核心价值观整体融入需求很大

在回答心理咨询中需要融入社会主义核心价值观的国家和社会层面的哪些具体内容时，72.79%的心理健康教师选择了"和谐"，68.2%的选择了"平等"，54.1%的选择了"文明"。这也说明社会主义核心价值观的不同层面融入心理咨询是有比较广泛的认同度。详见图3-25。

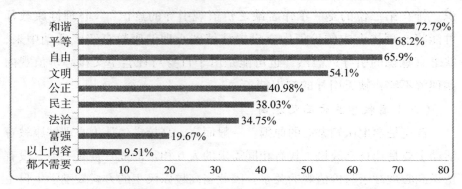

图3-25　心理咨询中对社会主义核心价值观融入需求情况

（二）对个人层面社会主义核心价值观融入整体需求很大

在被问到"您认为在心理咨询中爱国、敬业、诚信、友善等价值观的需求情况"时，累计有84.59%的心理健康教师认为有必要在心理咨询中融入社会主义核心价值观。同时，有58.36%的心理健康教师认为"有必要，但要视来访者需求和时机而定"，详见图3-26。

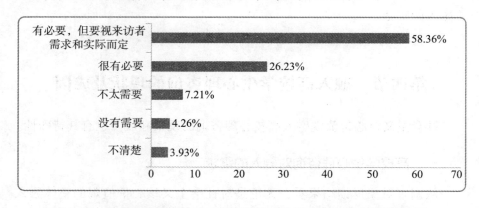

图3-26　高校心理咨询中个人层面社会主义核心价值观融入需求情况

（三）随着职称级别的提升，心理咨询师对融入需求呈增加趋势

X/Y	很有必要	有必要，但要视来访者需求和时机而定	不清楚	不太需要	没有必要	小计
无	10 (27.78) %	18 （50%）	1 (2.78%)	4 (11.11%)	3 (8.33%)	36
初级	15 (33.33) %	23 （51.11%）	2 (4.44%)	4 (8.89%)	1 (2.22%)	45
中级	35 (25) %	84 （60%）	5 (3.57%)	9 (6.43%)	0 (0.00%)	140
副高级	12 (21.05) %	37 （64.91%）	3 (5.26%)	5 (8.77%)	0 (0.00%)	57
正高级	8 (29.63) %	16 （59.26%）	1 (3.70%)	0 (0.00%)	2 (7.41%)	27

图 3-27　不同职称类型人员对社会主义核心价值观融入心理咨询需求对比图

将不同职称类型人员纳入对比分析后发现，对于融入需求依然很大，并且随着职称的升高，对融入选择"很有必要"和"有必要"两项的需求呈增加的趋势：无职称人员为77.78%，初级为84.44%，中级为85.0%，副高级为85.96%，正高级为88.89%，不难看出，正高职称人员在两项累计中占比最高，详见图3-27。

（四）学生对于心理健康教师（心理咨询师）践行社会主义核心价值观有较高期待

选项⇕	小计⇕	比例
A.会更喜欢	1312	44.43%
B.喜欢	1077	36.47%
C.讲不清	292	9.89%
D.无所谓	248	8.4%
E.不喜欢	24	0.81%
本题有效填写人次	2953	

图 3-28　学生对于心理健康教师（心理咨询师）践行社会主义核心价值观的态度

在回答"如果得知您的心理健康教师（心理咨询师）认同或者践行了社会主义核心价值观，您对TA的态度"时，有44.43%的学生表示更喜欢，36.47%的学生表示会喜欢，二者累计为80.9%。心理咨询师是高校心理咨询工作开展的主体，社会主义核心价值观融入心理咨询主要是通过心理咨询师来实现的。学生对于心理咨询师践行社会主义核心价值

观的态度，也值得心理咨询师关注自己在社会主义核心价值观融入心理咨询中的作为。详见图3-28。

二、融入高校学生心理咨询的现状

调查结果显示，社会主义核心价值观融入高校心理咨询的状态不容乐观。有50.82%的受访者认为"心理咨询/治疗中过于强调价值中立，忽视价值干预"，具体结果如图3-29。这种情况下，很难想象社会主义核心价值观可以深度融入心理咨询中。

选项 ◆	小计 ◆	比例	
心理咨询/治疗中过于强调价值中立，忽视价值干预	155		50.82%
心理咨询师缺乏价值观引导的意识	53		17.38%
心理咨询师缺乏有效培育的理论知识技能	53		17.38%
心理咨询师认为根本无需培育	39		12.79%
其他，敬请列出	5		1.64%
本题有效填写人次	305		

图3-29　心理咨询中关于价值观引导情况

同时，深度访谈结果也佐证了问卷调查的数据。20位访谈对象中，17位表示没有融入，原因是"心理咨询主要是解决来访者的困扰，不涉及社会主义核心价值观的问题"。也有的访谈对象表示"有时候会（融入）。不同老师风格不同。就看老师们是否有这方面的意识。"在回答"贵校心理咨询师在心理咨询中是否融入了社会主义核心价值观"的问题时，有教师表示"根据个案具体情况而定。如果个案涉及价值观的问题，那就会用核心价值观去引导个案"。

访谈一：浙江某市属师范高校心理咨询中心专职教师介绍心理咨询中融入社会主义核心价值观的情况

问：整体而言贵校在心理咨询中是否融入了社会主义核心价值观呢？如果有请继续作答；如果没有，恳请简要说明一下原因。

答：应该是有的。现在学生对心理咨询的需求还是很大的，有些学生的心理问题确实于价值观有很大关系，因此在心理咨询中肯定是有价值干预的内容，有些也有价值观的引导，我想会有社会主义核心价值观的参与。

问：就您掌握的情况来看，贵校学生来咨询的问题与社会主义核心价值观相关的比例大约是多少呢？（请按照您的理解用百分比回答即可）

答：这个不好说，我们没有专门的统计过。

问：原来学校会对学生咨询问题和成因进行分类统计吗？

答：我们学校每年都会对心理咨询师提交的咨询记录做初步的统计，比如什么原因来访啊，咨询师判断是什么类型的问题，主要成因是什么啊等。

问：那你们学校还是做得很规范的。但是没有专门做与价值观相关甚至社会主义核心价值观相关的统计师吗？

答：是的，如果咨询师在记录里面写了与价值观相关，那我们也会统计进去，但是我印象中好像没有专门就与社会主义核心价值观相关性做统计分析。

问：贵校心理咨询师在心理咨询中是否融入了社会主义核心价值观呢？如果没有，恳请简要说明一下原因。如果融入了，恳请简要说明融入的相关情况。

答：咨询师在做咨询中的具体情况我们也没有掌握，毕竟是有保密原则的。这个主要还是看个人情况吧。以我个人对我们学校咨询的了解，大家都还是非常热爱心理咨询这个工作的，工作中肯定是敬业的；并且具有很好的共情特质，以及对来访学生的关爱，所以也能够做到友善等。至于其他方面的，我还没有了解。

访谈二：广西某师范类高校心理咨询中心主任介绍心理咨询中融入社会主义核心价值观的情况

问：整体而言贵校在心理咨询中是否融入了社会主义核心价值观呢？如果有请继续作答；如果没有，恳请简要说明一下原因。

答：是的。

问：就您掌握的情况来看，贵校学生来咨询的问题与社会主义核心价值观相关的比例大约是多少呢？（请按照您的理解用百分比回答即可）

答：60%左右，主要体现在人际关系的处理上。

问：贵校心理咨询师在心理咨询中是否融入了社会主义核心价值观呢？如果没有，恳请简要说明一下原因。如果融入了，恳请简要说明融入的相关情况。

答：是的，引导学生养成积极向上，理性平和的心态，从正确客观的角度出发看问题。

问：好的，谢谢，那还有其他方面有体现吗？

答：应该或多或少是有的。不过详细情况我掌握得也不是很多。我觉得与咨询师的理论取向有关系，如果是认知行为取向的，那涉及价值观的内容肯定会多一些，如果是人本取向的，涉及价值观会更倾向于保持中立吧。

由此可见，高校心理咨询中社会主义核心价值观的融入主要处于由心理咨询师自己把握的状态。这主要取决于咨询师个人对个案情况的把握程度以及心理咨询师个人对心理咨询功能的理解程度。同时，心理咨询确实与课程和实践活动不一样，价值澄清、价值干预等方面的问题相对复杂和敏感。正因如此，在社会主义核心价值观融入时更需要做全面的研究和细致的探讨。

三、融入高校学生心理咨询现状的成因

目前社会主义核心价值观融入心理咨询不容乐观的现状及对融入需求很大的成因主要有以下几个方面，具体情况如图3-33。

（1）高校学生心理问题或心理困惑与价值观相关是融入需求很高的现实原因。高校心理咨询中学生的心理健康问题与价值观密不可分，这一结论在将受访教师从业年限纳入对比分析后得到支持，如图3-30。

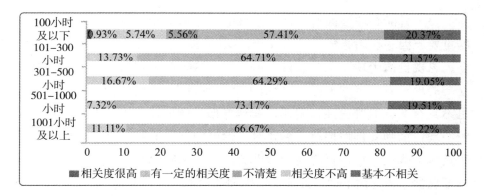

图 3-30　不同咨询时长的教师对学生心理问题（困惑）与价值观相关性的态度

个案咨询在 1 001 小时及以上的是经验比较丰富的心理咨询师在回答"您接触到的心理问题或困惑与价值观相关的情况"，22.2% 认为"相关度很高"，"有一定相关度"的占 66.67%，二者都高于其他从业年限的咨询师。也就是说，有高达 88.89% 的经验比较丰富的高校心理咨询师认为高校学生的心理问题与价值观有关。或许这是导致社会主义核心价值观融入心理咨询高需求的原因。

（2）心理咨询师缺乏引导意识依然是重要原因。"心理咨询师缺乏价值观引导的意识"是排在第二位的原因。这个原因与在心理课程和实践活动中的类似。因为一旦心理咨询师缺乏引导意识，难免会忽略学生的心理问题或心理困惑与价值观的相关性，也就失去了融入社会主义核心价值观的动力。当然，心理咨询中的价值引导，要遵循心理咨询的伦理原则，要充分尊重来访者的个人诉求和具体情况开展。尤其要注意的是需要在建立良好咨访关系基础上进行必要的引导，切不可与思想政治工作的价值观教育混淆，否则会适得其反。比如，不能将咨询师的价值观强加给来访者，而要允许来访者的多元价值取向的存在，在得到来访者对社会主义核心价值观认可的基础上进行引导；不能"超前"进行价值观引导，而要随着咨询的推进，等待来访者意识到自身问题（困惑）与价值观的相关性时进行引导；不能只是进行宏观的理论说教，而要结合来访者的实际需求进行针对性的引导。

（3）目前心理咨询师在咨询实践中过于强调价值中立也是需要融入的重要原因。在调查中，可以发现，"心理咨询／治疗中过于强调价值中立，忽视价值干预"是排在首位的原因。这可能与咨询师对于"价值中立"的理解有一定的关系。"价值中立"本身不在所有咨询流派中通行，也不具有文化的普适性，需要咨询师根据具体情况分析。因此，在对高校心理咨询师安排培训时，需要对"价值中立"的理论背景、理论内涵和具体实践进一步进行厘清，帮助更多的咨询师做好价值引领。本文第四章也尝试着论述了如何处理价值引领和价值中立的问题。

（4）有的心理咨询师缺乏融入的技能。排在第三位的原因是"心理咨询师缺乏有效培育的理论知识技能"。社会主义核心价值观融入心理咨询中，至少需要有三个方面的准备。首先是心理咨询师对社会主义核心价值观内涵有深刻的把握，其次是心理咨询师对各主要心理咨询理论流派有较好地理解以及熟练地运用，最后是对来访者的咨询需求及与社会主义核心价值观相关的处理上。从目前调查的情况看，心理咨询经验丰富的、职称高的咨询师更倾向于社会主义核心价值观的融入。这可能说明，随着他们实践经验的增加他们看到了高校学生心理咨询中价值引领的需求，也可能是他们在实践中进行融入之后增强了心理咨询的效果。因为社会主义核心价值观对心理健康具有促进作用。对社会主义核心价值观融入经验丰富的心理咨询师可以成为高校开展心理咨询师掌握融入相关技能培训的宝贵资源。

（5）心理咨询师所采取的理论流派可能也是影响因素。不同心理咨询理论流派的咨询师对于心理咨询中价值观处理方式和处理态度不同。一般而言，人本主义取向的心理咨询师则更加容易避免价值干预，更加强调价值中立，认知行为取向的心理咨询师可能更倾向于寻找心理咨询中的问题与价值观的相关性。所以，心理咨询师一方面要结合自己的性格特点和个人风格选取最擅长的心理咨询流派深耕学习，另一方面也需要对目前主流的心理咨询理论都有所掌握，尤其是要了解不同理论流派中有可能融入社会主义核心价值观的结合点，以便根据来访者的实际需要提供咨询服务，进行社会主义核心价值观的适时融入。

（6）相关机构缺乏对心理咨询师开展融入方面的培训。从以上分析可以看出，虽然很多问题是从心理咨询师的角度找原因的，但是不少心理咨询师都存在类似问题时，就需要引起相关部门的重视，需要在心理咨询师的培训中增加社会主义核心价值观融入的环节，提高他们的价值观引导意识，增强融入的相关技能。尤其重要的是，树立广大心理咨询师对高校心理咨询的共识也是高校"立德树人"中心任务的一个环节，每一位高校心理咨询师都承担着"心理育人"的重任，进而促进社会主义核心价值观更好地融入心理咨询。

第五节　高校心理健康教师践行社会主义核心价值观的现状及成因

《中共中央 国务院关于全面深化新时代教师队伍建设改革的意见》中指出，要"引导教师准确理解和把握社会主义核心价值观的深刻内涵，增强价值判断、选择、塑造能力，带头践行社会主义核心价值观。"[①]高校心理健康教师身兼教师和心理咨询师的双重身份，不仅是高校立德树人中心任务的主要承担者，也是心理健康教育的主要组织者和实施者。基于心理健康课程的专业性、大学生心理活动的丰富性、心理咨询的私密性和心理危机干预的特殊性，心理健康教师践行社会主义核心价值观具有独特而丰富的时代内涵以及特殊而重要的现实意义。

一、高校心理健康教师对融入的需求

目前高校心理健康教师培育和践行社会主义核心价值观可能存在的主要问题按照重要程度排序为：缺乏融入理念技能，对心理健康教育理

---

① 中共中央 国务院关于全面深化新时代教师队伍建设改革的意见[EB/OL].[2018-01-31].http://www.xinhuanet.com/politics/2018-01/31/c_1122349513.htm.

论中价值观教育研究不够，缺乏融入的责任感。为此，可以将高校心理健康教师对融入的需求细化为以下四个方面。

（一）需要高校管理部门对融入予以重视

刘建军研究指出："从教育领域来说，培育和践行社会主义核心价值观，首先要体现在我国教育事业的大政方针上，体现在教育活动的体制机制中，体现在教育事业的改革与发展中；同时，当然也体现在每一位教育工作者的思想和言行中，体现在当代大学生的日常生活中。"[①] 目前，教育部和各地教育主管部门都非常重视高校学生的心理健康教育。很多高校在心理健康教育的教师配备、场地安排、设备购买等方面给予了很多支持。但是要发挥"心理育人"功能，首先就要重视社会主义核心价值观融入心理健康教育。这需要组织专门的力量开展课题研究，要在心理健康教育活动指导思想中明确倡导传承弘扬社会主义核心价值观，要在课程建设中引导教师做好相关的教学安排，在心理咨询师的培训中安排培育践行社会主义核心价值观相关的内容，全面提高心理健康教师在心理健康教育中融入社会主义核心价值观的积极性、主动性和创造性。

（二）需要加强对心理健康教育理论中社会主义核心价值观内涵的研究和阐释

调查数据显示，目前心理健康教师对培育和践行社会主义核心价值观最大的问题是对心理健康教育理论中蕴含的社会主义核心价值观的内涵缺乏深入和全面的理解。因此，需要对心理健康教育理论中的社会主义核心价值观的内涵进行阐释，尤其是需要对与高校学生心理健康教育的相关内容，与高校学生心理健康密切相关的方面进行有机融入的阐述和分析，以便心理健康教师更好地理解。

（三）需要对心理健康教育各环节中的融入加强设计指导

从目前的调查数据看，心理健康教育各环节的内容中涉及社会主义核心价值观的不多。因此，在相关文件中要对融入做明确的规定，甚至

---

① 刘建军."社会主义核心价值观"的三种区分[J].思想理论教育导刊，2015（2）：73.

细化指导；在心理健康教育的不同环节中要加强社会主义核心价值观的设计，让社会主义核心价值观能够有效融入各环节的内容中；要发挥广大心理健康教师的积极性和主动性，充分结合各地各高校的实际情况，让他们参与到社会主义核心价值观融入心理健康教育的过程中。

（四）需要加强心理健康教师对引导意识的培训

调查显示，心理健康教师缺乏价值观引导意识，这说明需要加强心理健康教师对价值观引领功能的发挥，加强他们对社会主义核心价值观融入心理健康教育重要意义认识的培训，让他们增强引导的意识，掌握结合心理健康教育各环节的特点，提高社会主义核心价值观引导的技能。

二、高校心理健康教师培育践行社会主义核心价值观的现状

高校心理健康教师是社会主义核心价值观融入心理健康教育的重要主体，其自身对于社会主义核心价值观的认同践行程度，影响着社会主义核心价值观的融入效果。本书就心理健康教师关于其价值观对高校学生产生影响的观点，对心理健康教育中价值引导的态度，心理健康问题与价值观的相关性以及社会主义核心价值观融入需求情况和他们践行社会主义核心价值观的情况进行了调查。

（一）心理健康教师普遍认可他们的价值观对教育对象有影响

在被问到"您认为心理健康教育工作者的价值取向对工作对象的影响"时，认为"有很大影响"的占47.21%，认为"有较大影响"的占45.9%，详见图3-31。也就是说，有93.11%的心理健康教师认可自身的价值观对心理健康教育对象的重要影响。这说明，价值观的影响在心理健康教育中是真实存在的。

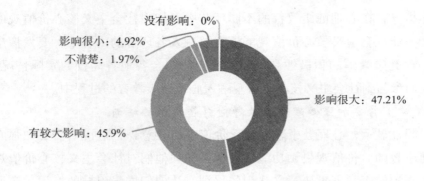

图 3-31　心理健康教育工作者价值观对教育对象的影响

（二）在心理健康教育中明确的价值导向认同度不高

虽然有 42.3% 的人认为"心理健康教育中价值导向不可避免"，但是 66.89% 的人认为"应坚持价值中立，不能将个人价值观强加给来访者"，占比最高；只有 23.93% 的认为"明确的价值导向必不可少"；还有 61.64% 的人认为，"有明确的价值导向但不同于思政工作的方法"。当然，真正认为"必须严格坚持价值中立，不带有任何价值取向"的占比只有 10.49%。由此可知，心理健康教师普遍认识到了心理健康教育中价值观问题的存在。

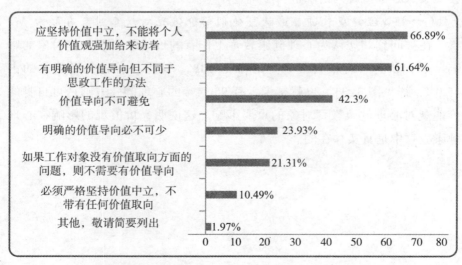

图 3-32　受访教师对心理健康教育中价值导向的态度

对心理健康教育中价值观问题的处理有专业化的考虑。有 66.89% 的人认为，"应坚持价值中立，不能将个人价值观强加给来访者"，另有 21.31% 的认为，"如果工作对象没有价值取向方面的问题，则不需要有价值导向"。心理健康教育中的价值观处理上要有区别。61.64% 的受访者认为"有明确的价值导向但不同于思政工作的方法"，详见图 3-32。

心理健康教师的专业背景对价值导向有影响。认为"明确的价值导向必不可少"占比最高的是思想政治教育及相关专业背景的老师，占比 37.93%。由此可知，即使是思政专业背景的心理健康教师对心理健康教育中明确的价值导向认同度也不是很高。这或许是他们对于心理咨询专业中"价值中立"的遵守"泛化"到心理健康教育中，又或者是他们对于明确的价值导向存在误解；认为"应坚持价值中立，不能将个人价值观强加给来访者"占比最高的则是心理学及相关专业，为 71.43%。这或许与心理学专业背景的教师在接受"价值中立"的强调有关，详见图 3-33。

X/Y	明确的价值导向必不可少	有明确的价值导向但不同于思政工作的方法	价值导向不可避免	如果工作对象没有价值取向方面的问题，则不需要有价值导向	应坚持价值中立，不能将个人价值观强加给来访者	必须严格坚持价值中立，不带有任何价值取向	其他，敬请简要列出	小计
心理学及相关专业	34 (18.68%)	110 (60.44%)	77 (42.31%)	40 (21.98%)	130 (71.43%)	14 (7.69%)	4 (2.20%)	182
社会工作及相关专业	1 (11.11%)	4 (44.44%)	4 (44.44%)	4 (44.44%)	6 (66.67%)	3 (33.33%)	0 (0.00%)	9
医学及相关专业	3 (20%)	9 (60%)	8 (53.33%)	2 (13.33%)	12 (80%)	1 (6.67%)	1 (6.67%)	15
思想政治教育及相关专业	22 (37.93%)	38 (65.52%)	23 (39.66%)	14 (24.14%)	31 (53.45%)	8 (13.79%)	0 (0.00%)	58
其他	13 (31.71%)	27 (65.85%)	17 (41.46%)	5 (12.20%)	25 (60.98%)	6 (14.63%)	1 (2.44%)	41

图 3-33　不同专业背景教师对于心理健康教育中价值导向态度

（三）心理健康问题与价值观相关性比较强

在"您接触到的心理问题或困惑与价值观相关的情况"时，认为"相关度很高"的占比 20.66%，认为"有一定的相关度"的占比为 63.61%，二者累计为 84.27%；认为相关度不高和基本不相关的累计为 13.77%。这既充分说明了高校学生心理健康问题与价值观高度相关，在高校心理健康教育中要特别注意价值观的有机融入；同时也说明，并不是所有的心理健康问题都与价值观相关，高校在心理咨询中需要加以鉴别，并根据实际情况区别对待。详见图 3-34。

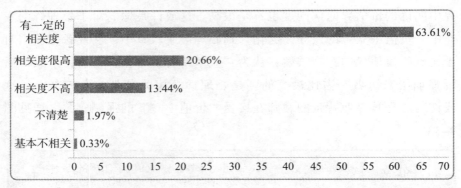

图 3-34　心理问题或困惑与价值观相关的情况

不同专业背景的心理咨询师对心理健康问题与价值观相关性有不同的态度，详见图 3-35。对比分析结果显示，认为"相关度很高"占比最高的是社会工作及相关专业背景的心理咨询师，为 33.33%；认为"有一定的相关性"占比最高的是医学背景的咨询师 86.67%，其次为心理学及相关专业的咨询师，占比为 65.38%，再次为思想政治教育及相关专业的咨询师，占比为 58.62%。

从这一分析可以看出：第一，心理问题或心理困惑与价值观相关性得到了不同专业背景的心理咨询师的认可；第二，思想政治教育及相关专业背景的心理咨询在"相关度很高"和"有一定的相关性"两项回答中都不是占比最高的，说明这一结果并不是心理健康问题思政化的"偏见"，而是具有广泛认可度的事实。

X/Y	相关度很高	有一定相关度	不清楚	相关度不高	基本不相关	小计
心理学及相关专业	32（17.58%）	119（65.38%）	3（1.65%）	27（14.84%）	1（0.55%）	182
社会工作及相关专业	3（33.33%）	5（55.56%）	0（0.00%）	1（11.11%）	0（0.00%）	9
医学及相关专业	2（13.33%）	13（86.67%）	0（0.00%）	0（0.00%）	0（0.00%）	15
思想政治教育及相关专业	16（27.59%）	34（58.62%）	0（0.00%）	8（13.79%）	0（0.00%）	58
其他	10（24.39%）	23（56.10%）	3（7.32%）	5（12.20%）	0（0.00%）	41

图 3-35　不同专业背景的心理咨询师对心理问题或困惑与价值观相关性的态度

（四）心理健康教师践行社会主义核心价值观的情况

高校心理健康教师主动践行社会主义核心价值观的情况详见图3-36。

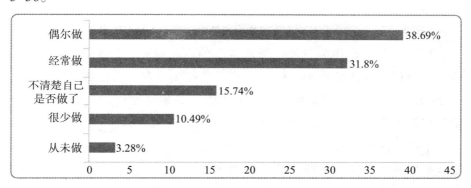

图 3-36　心理健康教师践行社会主义核心价值观的情况

在被问及"您在心理健康教育中融入和践行社会主义核心价值观的情况"时，经常做的只有31.8%，偶尔做的有38.67%，不清楚自己是否做的15.74%，很少做的有10.49%，从未做的有3.28%。

这说明，高校心理健康教师在融入社会主义核心价值观方面的主动性还有待提高，经常做的不多，对社会主义核心价值观的融入主要是偶尔的行为。另一方面，还有部分教师不清楚自己是否在心理健康教育中做到了培育社会主义核心价值观，也在一定程度上说明，心理健康教师对于社会主义核心价值观的认知可能存在问题。因此，高校对心理健康教师的社会主义核心价值观教育还需加强。

心理健康教师的专业背景与践行社会主义核心价值观有一定的相关性，详见图 3-37。

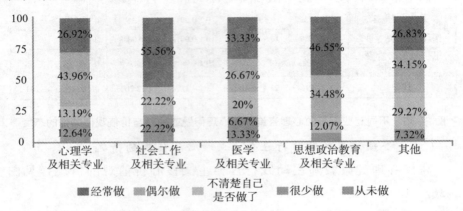

图 3-37　不同专业背景心理健康教师践行社会主义核心价值观的情况

其中社会工作相关专业"经常做"的占比最高，为 55.6%，思想政治教育及相关专业的为 46.55%，心理学及相关专业的占比相对较低，只有 26.92%。另外，"经常做"和"偶尔做"的累计比例最高的是思想政治教育及相关专业，占比为 81.03%。

工作年限与开展社会主义核心价值观融入有一定的相关性，工作年限越长，越主动融入和践行社会主义核心价值观。在回答"您在心理健康教育中融入和践行社会主义核心价值观的情况"时，5.4% 的工作 1-3 年的人"从未做"；而工作 20 年以上的人则不存在"从未做"的情况。同时，回答"经常做"融入的事情，工作 11-19 年的心理健康教师的占据 41.89%，工作 1-3 年的占 24.32%，详见图 3-38。

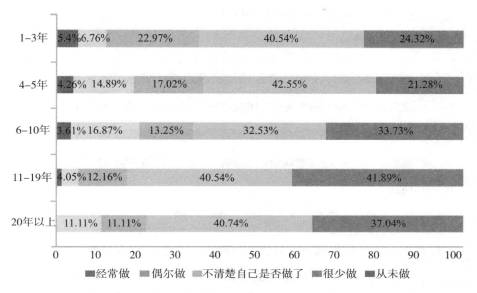

图 3-38　心理健康教师践行社会主义核心价值观的情况

　　在对融入和践行情况进行自评之后，请参与调查的心理健康教师进行了"同行互评"，详见图 3-39。

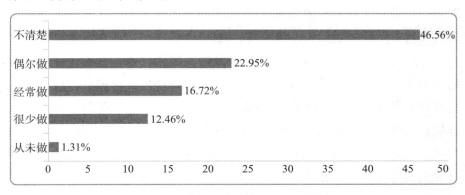

图 3-39　心理健康教师评价同行践行社会主义核心价值观的情况

　　在问及"根据您了解的情况，目前同行在心理健康教育中融入和践行社会主义核心价值观的情况"时，46.56% 的表示"不清楚"，回答"偶尔做"的占比 22.95%，回答"经常做"的占比 16.72%，有 12.46% 的人认为很少做，详见图 3-30。

高校学生对于心理健康教师践行社会主义核心价值观有着比较乐观的判断，如图3-40。

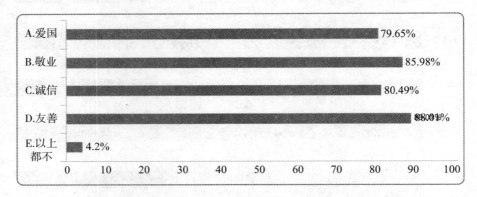

A.爱国　79.65%
B.敬业　85.98%
C.诚信　80.49%
D.友善　88.01%
E.以上都不　4.2%

0　10　20　30　40　50　60　70　80　90　100

图3-40　学生感受到的心理健康教师践行社会主义核心价值观的情况

只有4.2%的学生认为心理健康教师没有践行个人层面的社会主义核心价值观，也就是说有95.8%的学生认为心理健康教师践行了个人层面的社会主义核心价值观。其中认为践行了"友善"核心价值观的占88.01%，排在第一位；"敬业"核心价值观排在第二位，为85.98%，认为践行了"诚信"核心价值观的占了80.49%；79.65%的学生认为心理健康教师践行了"爱国"的核心价值观，见图3-43。

心理健康教师是高校心理健康教育的实施者，也是社会主义核心价值观融入心理健康教育的重要实施者。他们在心理健康教育中践行社会主义核心价值观，是融入的主要途径和目标之一。绝大部分学生对于心理健康教师践行了社会主义核心价值观表示认可，是对这一队伍工作的肯定，或许也是建立了良好咨访关系的体现，为社会主义核心价值观深度和全面融入奠定了基础。

与此同时，学生感受到心理健康教师践行社会主义核心价值观的良好情况和教师们评价融入不佳的情况形成了反差。这说明，可能大部分心理健康教师是认同社会主义核心价值观的，在心理健康教育中也践行了社会主义核心价值观，但是因为缺乏引导意识、缺少理论支撑和缺少融入技能，融入还不够系统和深入。

三、心理健康教师践行社会主义核心价值观现状的成因

心理健康教育工作者对于培育社会主义核心价值观存在的问题主要有高校对在心理健康教育中融入社会主义核心价值观上认识不足，心理健康教师对融入在思想上重视不够、认知上存在偏差、技能上比较缺乏等四个方面的原因。

（一）高校对在心理健康教育中融入社会主义核心价值观认识不足

选项 ⇔	小计 ⇔	比例
机构认为没有必要	36	▇▇ 11.8%
机构认为可有可无	49	▇▇ 16.07%
机构认为有必要，但缺乏相关的知识和方法	148	▇▇▇▇▇ 48.52%
机构缺乏培育社会主义核心价值观的相应约束和激励	72	▇▇▇ 23.61%
本题有效填写人次	305	

图 3-41　心理健康教育机构在培育践行社会主义核心价值观方面可能存在问题的原因

在对"心理健康教育机构在培育社会主义核心价值观时可能存在的主要问题按照重要程度排序"时，认可率排在第一位的是"机构认为有必要，但缺乏相关的知识和方法"，而排在第二位的是"机构缺乏培育社会主义核心价值观的相应约束和激励"，如图 3-41。

从上述数据中，可以得知心理健康教育中融入社会主义核心价值观缺乏方法是重要的原因之一。虽然教师是心理健康教育的具体实施者和直接组织者，但是教师的行为是受到主管部门的引导和约束的。融入方法的缺乏看上去是教师的原因，但这背后，则折射出高校对于在心理健康教育中融入社会主义核心价值观的重要意义存在认识上的不足。一方面可能是学校心理健康教育中心或者它的主管部门认为没有必要在心理健康教育中融入社会主义核心价值观，所以在教材编写，课程准备，活动设计、宣传、表彰等环节没有设计，因此，也就没有方法总结可言。另

一方面，管理部门对于心理健康教育具体的理论方法等了解不多，确实也缺乏足够的力量进行专门的研究。因此，23.61%的人认为"机构缺乏培育社会主义核心价值观的相应约束和激励"，也就是情理之中的事情。

（二）高校心理健康教师在思想上重视不够

调查显示，22.95%的心理健康教师认为"心理健康教育没有培育社会主义核心价值观的责任"。这可能是高校的"十大"育人体系中的"心理育人"的内涵还没得到心理健康教师的广泛认同，还需要进一步加强教育；另一方面也说明部分心理健康教师在将社会主义核心价值观融入心理健康教育的"管好一段渠""种好责任田"方面还做得不够。

选项 ⬍	小计 ⬍	比例	
社会主义核心价值观与心理健康教育无关	21		6.89%
心理健康教育没有培育社会主义核心价值观的责任	70		22.95%
心理健康教育理论中没有社会主义核心价值观的内容	122		40%
缺乏在心理健康教育中培育 社会主义核心价值观的理念技能	83		27.21%
个人并不认同核心价值观	5		1.64%
其他，敬请列出	4		1.31%
本题有效填写人次	305		

图 3-42　心理健康教育工作者在培育践行社会主义核心价值观可能存在问题的原因

（三）高校心理健康教师在融入认知上存在偏差

认为"心理健康教育理论中没有社会主义核心价值观的内容"占比最高，为40%。造成这一现状的原因是多方面的。一方面是由于目前心理健康教育理论中的社会主义核心价值观的阐述比较缺乏，本土化、原创性的心理健康教育理论研究满足不了实践工作者的需要。另一方面也说明目前的心理健康教育实践中社会主义核心价值观的融入还处于比较薄弱的状态，还需要心理健康教育工作者加以重视和努力参与改善。

（四）高校心理健康教师在融入技能上比较缺乏

认为"缺乏在心理健康教育中培育社会主义核心价值观的理念技能"是排在第二位的原因，占比27.21%，详见图3-42。

　　这可能是由于目前的心理健康教育理论中缺乏价值观教育的内容，不能给教师们较好的参考；另一方面也可能是心理健康教师自身对于社会主义核心价值观的理解不深入，还需要加强。

第四章　社会主义核心价值观融入高校心理健康教育的基本原则

心理健康教育是思想政治教育的重要内容，这一学科属性决定了其理论应该蕴含社会主义核心价值观。同时，心理健康教育又有其自身的科学性和专业特点，作为心理健康教育对象的高校学生也有个性化的需要，这就要求教育者重视心理健康教育的价值性，也要尊重它的科学性和规律性。科学性和价值性是心理健康教育不可或缺的两个方面，它们同时存在，相辅相成。因此，为确保社会主义核心价值观融入心理健康教育的成效，需要遵循以下五项原则：融入理念上秉持社会主义核心价值观主导与多元价值观补充的原则，融入内容上力求中国化与世界性相融合，融入方法上坚持价值中立与价值干预相结合，融入方式上坚持尊重规律与因势利导相结合，融入主体上遵循全员参与自我教育相结合。

第一节　融入理念上秉持社会主义核心价值观主导与多元价值观补充的原则

社会主义核心价值观融入心理健康教育，既要有利于社会主义核心价值观对心理健康教育主导作用的发挥，又要尊重多元价值观存在的客观事实，做到在核心价值观主导和对多元价值观进行统领的前提下充分发挥多元价值观的补充作用，达到共同促进高校学生心理健康和全面发展的目标。

一、坚持发挥社会主义核心价值观的主导作用

社会主义核心价值观，是社会主义核心价值体系的精神内核和本质特性的体现，也是现阶段全国人民价值观的最大公约数，在整个国家的价值体系中起主导和引领作用。心理健康教育作为教育体系中的一个有机组成部分，必然要坚持以社会主义核心价值观为主导。为发挥社会主义核心价值观的主导作用，需要明确其在心理健康教育指导思想上的主导地位，需要心理健康教育具体实施者的适时引导，需要推动心理健康教育主体的积极参与和自觉践行。

（一）在指导思想上明确社会主义核心价值观的主导地位

党和国家历来十分重视心理健康教育的科学发展。党的十八大以来，以习近平同志为核心的党中央把高校思想政治工作摆在突出位置，在诸多重要文件中对心理健康的发展指导思想进行了明确的规定。

2016年，中共中央、国务院印发了《关于加强和改进新形势下高校思想政治工作的意见》（中发〔2016〕31号），在"要推进高校思想政治工作改革创新"部分，明确提出要"加强人文关怀和心理疏导，促进大学生身心和人格健康发展"。这是对高校心理健康教育从方法到目标的统领性表述。该文件不仅明确要求"以社会主义核心价值观为引领"，还细化到要"把社会主义核心价值观体现到教书育人全过程，引导师生树立正确的世界观、人生观、价值观"。

22个部委联合下发的《关于加强心理健康服务的指导意见》（国卫疾控发〔2016〕77号）中明确了"加强心理健康服务，开展社会心理疏导，是维护和增进人民群众身心健康的重要内容，是社会主义核心价值观内化于心、外化于行的重要途径"。心理健康教育要将社会主义核心价值观融入其中，发挥让受教育者内化于心、外化于行的功能。不仅于此，在"全面开展心理健康促进与教育"的措施中，文件要求"各地要结合培育和践行社会主义核心价值观，将提高公民心理健康素养作为精神文明建设的重要内容，充分发挥我国优秀传统文化对促进心理健康的

积极作用。"因此，在将社会主义核心价值观融入心理健康教育时，还应充分发挥中华优秀传统文化促进心理健康的积极作用。

2017 年，中共教育部党组印发的《高校思想政治工作质量提升工程实施纲要》（教党〔2017〕62 号）专门对心理健康教育的育人质量提升做了规定，在"心理育人质量提升体系"中，要求"坚持育心与育德相结合，加强人文关怀和心理疏导，深入构建教育教学、实践活动、咨询服务、预防干预、平台保障'五位一体'的心理健康教育工作格局，着力培育师生理性平和、积极向上的健康心态，促进师生心理健康素质与思想道德素质、科学文化素质协调发展"。由此可见，高校要落实心理育人的功能，就要将社会主义核心价值观充分融入心理健康教育课堂教学主渠道以及心理健康教育实践活动、心理咨询和心理危机干预中，并确保其主导地位。

2018 年，中共教育部党组印发《高等学校学生心理健康教育指导纲要》，在指导思想中提出，"坚持育心与育德相统一，加强人文关怀和心理疏导，规范发展心理健康教育与咨询服务，更好地适应和满足学生心理健康教育服务需求，引导学生正确认识义和利、群和己、成和败、得和失，培育学生自尊自信、理性平和、积极向上的健康心态，促进学生心理健康素质与思想道德素质、科学文化素质协调发展。"其中，育心与育德相统一和四个正确引导目标的实现都需要社会主义核心价值观的融入。

综上所述，国家政策层面已经明确了社会主义核心价值观在心理健康服务工作和高校心理健康教育指导思想的主导地位。这就意味着高校在心理健康教育的具体融入工作中也必须明确社会主义核心价值观的主导地位，并将这一思想落实到各个参与要素，贯穿融入的各个环节。

（二）在实施过程中切实发挥社会主义核心价值观的引领作用

广义上的高校心理健康教育实施过程，就是"三全育人"过程中心理育人工作的各环节和全过程，狭义过程则专指心理健康教育的课堂教学、心理健康教育实践活动、心理咨询和心理危机干预四个主要环节。在广义上的实施过程中切实发挥社会主义核心价值观的引领作用，其实是要发挥社会主义核心价值观对高校全体师生和各育人环节的引领作用，狭义上讲就是要在上述的主要环节中的发挥引领作用。本文主要是从狭义上论述社会主义核心价值观引领作用的发挥，主要体现在贯穿教材编写，嵌入课堂教学，衔接实践教学等课程教学中；纳入实践活动方案设计，引导活动宣传，渗透活动内容实施中；指导心理咨询目标确立，引导咨询理论选取，贯穿心理咨询过程，彰显于心理咨询师的身体力行中；浸润心理危机预防教育，贯穿心理危机干预过程，引领对生命意义的追寻中。

（三）激发心理健康教育主体认同和践行社会主义核心价值观

在高校心理健康教育过程中，要将受教育者视为实现教育目标的主体，充分尊重其主体地位，从而实现心理健康教育工作的实效性。[①]因此，在社会主义核心价值观融入心理健康教育过程中，要特别注意发挥两个主体的积极参与作用。

要发挥心理健康教师的主导作用。作为高校心理健康教育的实施者，心理健康教师自身首先要认同社会主义核心价值观，做社会主义核心价值观的践行者，做率先垂范的引领者。在高校对整个心理健康教育工作做了系统性的部署之后，心理健康教师要发挥对心理健康的课程教学、实践活动、心理咨询和危机干预进行具体的规划、组织、调控等的主导作用。适时融入社会主义核心价值观，发挥好社会主义核心价值观对高校学生心理健康的促进作用。要充分调动心理健康教师在培育和践行社会主义核心价值观上的能动性和主导性，充分激发他们的强烈责任感和事业心，根据不同层次受教育者的特点和需求，在社会主义核心价值观融入心理健康教育过程中创造性地开展工作，对社会主义核心价值观的时代特点、丰富内涵以及持续发展进行符合受教育者认知、情感、意志和行为规律的阐释，以通过社会主义核心价值观的融入和引导，促进学生健康成长和全面发展。

激发高校学生认同践行社会主义核心价值观的主观能动性。心理健

---

① 刘晓明.视域融合：心理教育中的价值问题研究 [M].长春：东北师范大学出版社，2015：156.

康教育过程是教育者对受教育者进行教育的过程，也是受教育者自我教育的过程。高校心理健康教育中，无论是大学生还是研究生，他们都是心理健康的需求者、受益者，是自身心理发展的主体，是自身心理健康建设与心理潜能开发的主人。同时，他们在现实生活中也迫切需要社会主义核心价值观的引领。对于受教育者主体而言，学校实施的心理健康教育更多的是外在的影响，还必须通过他们的自觉认同、自主接受与自我内化才能实现教育目标。为此，在社会主义核心价值观融入过程中，高校心理健康教师应引导他们自我探索、自我发现、自我领悟，充分激发学生认同社会主义核心价值观的自主性，内化社会主义核心价值观的自觉性，践行社会主义核心价值观的能动性和创造性。

促进受教育者的自我教育。价值观是每个人思想深处的关键，践行社会主义核心价值观既是外在的倡导，又是个体内在的诉求。要在心理健康教育过程中，引导学生"认识自己的问题，自己主动寻找解决问题的办法，自己做出理性的判断与选择，自己学会对自己负责，增强学生的'主人翁'意识，鼓励和支持学生的自主探索和活动，通过引导学生的积极性、主动性和自觉性"①。激发受教育者的自我教育的要求，培养自我教育能力，实现教育向自我教育的转化，既是社会主义核心价值观融入心理健康教育的手段，也是实现社会主义核心价值观融入心理健康教育的目标。

可以说，教育者主体作用的发挥，直接关系到高校心理健康教育的发展方向，也直接影响社会主义核心价值观融入心理健康教育的效果。

二、积极发挥多元价值观的补充作用

每个社会的价值观体系都是由多元价值观构成的有机整体。全球化的背景不可避免地带来了多元价值观的碰撞，既有新旧、古今、现代与后现代等价值观并存，也有国内与国外、民族与世界性价值观的交融与冲突。多元价值观带来了"一切皆有可能"的生机与活力，其中包含对各种价值观的开放和包容的态度。要尊重价值观多元化的既定事实，充

---

① 崔景贵.学校心理教育的基本理念及其建构[J].思想理论教育，2003（1）：65-67.

分正视多元价值观对心理健康的复杂影响，充分利用多元价值观对心理健康教育的补充作用。

（一）充分尊重多元价值观存在的事实

在全球化背景下，世界政治风云变幻，社会生活日新月异，科学技术飞速发展，全球信息全面交锋交融，我国经济处于"三期叠加"状态，不可避免地带来了多元文化与价值观的碰撞，高度融合而又充满冲突的时代，使得国内与国外、民族性与世界性、本土化与全球化的价值观念交错，人们同时感受到新旧、古今、传统与现代、现代与后现代的价值观念。因此，在社会主义核心价值观融入心理健康教育的过程中，"要尊重社会价值观念体系建设的规律，客观分析、正确对待价值观念的多样性、多元性的现实；在坚持社会主义核心价值观地位不动摇的同时，以敬畏或宽容的姿态对待多样性的价值观念，以引导和统领的优势规范多样性的价值观念。"①

（二）充分正视多元价值观对心理健康的复杂影响

人们一方面享受"一切皆有可能"的自由发展，另一方面由于各种价值观交融冲突，一定程度上也给社会带来了价值观的混乱，安全感丧失、焦虑泛化、道德失范、信任危机等使人们感到深深的困惑。多元价值观给人们带来生机与活力的同时也有思想冲击与混乱。有研究者指出，"价值理性逐渐旁落、断裂和裂变，人类对社会发展、文化进步和人自身的完善的价值追求陷入困境。"②

一般而言，在多元价值观念的相互影响和磨合下，主导性的"一元"价值体系也会更具人性化和包容性的变化。如果个体有比较稳定的价值观体系，在多元价值观中，能够有宽广的视野和纵深度，有利于个体的身心健康和全面发展。如果个体的价值观没有形成，或者还在形成中，则多元的价值观容易使其产生混乱。高校学生则处于价值观形成的关键时期。因此，开展社会主义核心价值观融入心理健康教育的过程要充分

---

① 阮青.积极培育和弘扬社会主义核心价值观[EB/OL].http://theory.people.com.cn/n1/2017/0710/c40531-29393057.html.

② 吴亚林.价值观教育[M].北京：北京师范大学出版社，2009：31.

正视多元价值观对高校学生群体心理健康的复杂影响，既要充分尊重个体的价值观，同时又要积极开展价值干预活动，加强核心价值观教育。

（三）充分发挥多元价值观对心理健康教育的补充作用

核心价值观与多元文化价值观在社会发展中发挥不同的作用，坚持社会主义核心价值观的主导和引领地位是前提和基础。"在坚持核心价值观和核心价值体系的主导地位不动摇时，积极倡导观念的多样性。"①在主流社会主义核心价值观之外还有小众的价值观，这在高校心理健康教育实践中是难以避免的问题。为此，还要以兼收并蓄的态度对待其他价值观。一方面是高校学生的价值观在逐步确立时期，容易受到不同价值观的影响。另一方面，高校学生的思维比较活跃，对于多元化的价值观相对更加开放。在高校心理健康教育中，需要心理健康教师尤其是心理咨询师抱持包容、开放的心态。

在充分利用多元价值观的心理健康价值方面，可以发挥社会主义核心价值观体现不同文化共同追求的价值层面的张力，增强个体的价值观认同度，减少冲突。另一方面，由于社会主义核心价值观体现的是社会最大公约数，是对全社会的整体要求，大学生则是社会中思维最活跃、价值观主张相对丰富的群体。因此，对于他们秉持的与社会主义核心价值不冲突的多元价值观则可以采用价值中立的状态。比如，让他们形成不同的兴趣爱好，有自己个性化的生活方式，在追求个性和彰显个性中获得发展和健康成长。

三、社会主义核心价值观与多元价值观共存

当前，我国进入社会主义新时代，社会主要矛盾转化为"人民日益增长的美好生活需要和不平衡不充分的发展之间的矛盾"。但经济关系的复杂性、社会思潮多元化、地区发展的不平衡性、网络传播的快捷性等客观现实，决定了"价值多元并存"的格局还会存续很长一段时间。与此同时，也要看到，我们国家和社会的多元价值观与西方社会的多元

---

① 阮青."核心价值"与"非核心价值观念"关系之我见[N].北京日报，2012-01-09.

价值观有着本质上的不同，"西方强调社会价值观的多元竞争，并反对任何主流价值观的存在，认为这种存在本身就破坏和危及了价值观的自由竞争。我国社会强调价值观的多元，通过社会整体价值观建设，实现内部道德提升、价值观和谐，共同服务于社会建设和社会发展。"①所以，我们需要加强社会主义核心价值观对多元价值观的统领，实现社会主义核心价值观和多元价值观共存，并共同促进高校学生的全面发展。

（一）加强社会主义核心价值观对多元价值观的统领

有研究指出，"在作用上，核心价值观能够规范和引导其他价值观，保持社会价值观结构体的稳定性，从而为经济社会的稳定和谐发展提供精神动力"。②改革开放 40 多年来，我国在政治、经济、文化和社会发展上都取得了巨大成就。与此同时，我国社会的西方思潮、中国传统文化、大众文化和网络文化等多样文化多元并存的格局日渐明显，随着改革开放的持续，文化的交流更加深入，交融更加深化，交锋更加明显，多元价值观也必将长期存在。多元价值观与主流价值观的社会功用不同。"多元价值能丰富社会生活，使思想文化领域百花齐放；主流价值则是为了引领社会多方力量共同推动社会思想文化的健康发展。"③多元价值观是一般的价值观，其健康发展需要主流价值观中的核心价值观统领。"核心价值观作为文化的内核，能够统摄、整合和引领多元价值观，使多元文化在纷争之中保持内在一致性和协调性，形成整个文化体系的向心力和凝聚力，以构成统一有序的文化结构整体。"④为此，要注意社会主义核心价值观对多元价值的统领作用的发挥。在高校心理健康教育中，也要用社会主义核心价值观引领学生的多元价值观，保证他们的健康发展，要

① 冉亚辉.论社会主义核心价值观基本内容的理论内涵与伦理意义 [J].理论月刊，2015（2）：166.

② 阮青.积极培育和弘扬社会主义核心价值观 [EB/OL].http：//theory.people.com.cn/n1/2017/0710/c40531-29393057.html.

③ 石书臣.当代中国的文化格局及其发展导向 [J].道德与文明，2012（2）：105-110.

④ 邱吉，朱舒坤.中国社会核心价值观变迁成因及启示 [J].教学与研究，2018（2）：22-33.

以更加多元化的方式进行表达以增强吸引力。社会主义核心价值观以体现人类终极价值和关怀的公平、正义等为基础，更易镌刻进人的内心。当学生持有与主流价值观相冲突的价值观，尤其是危害自己的心理健康时，需要加强引导。"多元文化价值冲突的调适，均衡态势的实现，社会价值同构的形成，只能在具体的、现实的交往和实践活动中，在基本目的一致的前提下，在共同的利益和需要的基础之上求同存异、相互协调才能实现。"①

（二）社会主义核心价值观引领多元价值观共同促进高校学生的全面发展

社会主义核心价值观是社会发展的"应然"要求，目前还处于对全社会进行倡导的"应然"状态，具有一定的理想性和超越性，因此，在心理健康教育中具有引领性和示范性。而包括高校学生在内的社会成员，所秉持的价值观则是一种"实然"状态，多元化的价值观对高校学生已经或者正在产生影响。多元价值观对主流价值观的影响消解和增强的两面性。社会主义核心价值观融入心理健康教育要有效防止非主流价值的消解作用，又要充分利用它们的增强作用，构建与多元价值的共生包容关系。

因此，"既坚持社会主义核心价值观的主导，同时尊重和包容多元文化价值观，实现价值观的并存共生，才能促进人类社会走向共生共荣、和谐发展的美好时代。"②体现在心理健康教育中，就是要对这种多元价值观带来的积极和消极影响保持一定的敏感度，一方面适时引导，降低或消除非主流价值观对高校学生心理健康的消极影响。另一方面，善于用对高校学生产生了积极影响的其他多元价值观，来丰富和发展社会主义核心价值观的具体内容和时代内涵，从而更好地巩固社会主义核心价值观的主导地位，增进学生的认同和内化，促进学生的健康成长和全面发

---

① 陆波，方世南．马克思交往理论视域下多元文化价值观冲突的调适之道 [J]. 学习论坛，2015，31（3）：59.

② 王桂芬，张国宏．社会主义核心价值体系与多元文化时代价值观培育 [J]. 扬州大学学报（人文社会科学版），2008（2）：25.

展。"个体的全面发展是多维的，……从心理结构上看，包括认知、情绪、情感、意志、行为、个性心理……个体的和谐发展包括自我身心的和谐发展、自我与他人即社会的和谐发展、个体与自然的和谐发展。"①最终达到的目标是核心价值观和多元价值观共同促进高校学生的全面发展。

第二节　融入内容上力求中国化与世界性相结合的原则

社会主义核心价值观融入心理健康教育，需要结合高校心理健康教育的规律和受教育者的实际情况，进行创造性转化和创新性融入。这种转化和融入既不能违背社会主义核心价值观的倡导原则，又要能体现"贴近性"和"喜闻乐见"的基本要求；既要展现社会主义核心价值观的时代魅力，又要凸显优秀传统文化的持久生命力，还要展现人类共同价值追求的美好愿景。

一、彰显社会主义核心价值观的时代魅力

任何价值观念的形成发展都有其特定的历史条件、理论渊源和实践基础，都要以一定的社会存在作为价值观念产生的制度土壤、文化土壤和实践土壤。"社会主义 500 年的发展历程充分证明了社会主义核心价值观的生成、演进和发展是社会主义自身运动实践的必然结果"。②社会主义核心价值观是对我国当代社会实际生活的本质抽象和把握，具有深厚的当代建构现实基础。

与此同时，社会主义核心价值观来源于人类共同价值，"继承了人类千百年来所形成的价值成果。社会主义在吸收人类优秀价值的同时，……推进了人类共同价值内涵的发展和优化。社会主义核心价值观较好地解

---

① 胡凯.试论构建我国大学生心理健康教育体系的指导思想和基本原则[J].思想理论教育导刊，2008（4）：84-85.

② 李东坡.社会主义核心价值观的时代意蕴、演进历程与基本遵循[J].中共浙江省委党校学报，2015，31（6）：51.

决了自由与平等的冲突，使人类共同价值能够惠及多数人；实现了个人与共同体在价值层面的平衡；反映了人的自由全面发展的需要，使人类共同价值形成系统的完整的体系。"①

因此，在将社会主义核心价值观融入心理健康教育过程中，既需要让高校学生充分了解国情，感受中国特色社会主义文化的氛围，又要让学生明白社会主义核心价值观的超越性和先进性，让高校学生在形成健康心理的过程中，推动中国特色社会主义事业的发展，充分彰显社会主义核心价值观这一人类共同价值追寻的时代魅力。

二、凸显我国优秀传统文化的恒久生命力

我国优秀传统文化和社会主义核心价值观对心理健康都具有十分重要的促进作用。在社会主义核心价值观融入心理健康教育的过程中，需要充分挖掘其蕴含的优秀传统文化，并做创造性转化和创新性发展。

（一）对社会主义核心价值观中蕴含的优秀传统文化进行创造性转化

社会主义核心价值观蕴含的优秀传统文化非常丰富，对社会生活的不同方面和不同人群都有积极的影响。本书主要就其中蕴藏的促进心理健康和心理健康教育的思想和文化进行创造性转化。首先，可以将中华优秀传统文化中蕴含的心理健康教育思想，结合当代高校学生心理健康教育的需要进行转化。其次，可以将西方心理健康教育理论进行解构，找到与我国优秀传统文化中蕴含的心理健康教育思想的结合点进行阐释。最后，还要通过呈现我国社会主义核心价值观中蕴含的优秀传统文化具有的超越性，对心理健康教育理论进行升华和创造。创造性转化是凸显我国优秀传统文化恒久生命力的基础和关键。这对高校心理健康教师乃至我国心理健康教育的理论研究者都有一定的挑战性。

（二）结合新时代高校学生的特点进行形式多样的创新性发展

马克思在《关于费尔巴哈的提纲》第 11 条中指出："哲学家们只是

---

① 虞崇胜，叶长茂.社会主义核心价值观与人类共同价值 [J].中共中央党校学报，2016，20（2）：54-60.

用不同的方式解释世界，问题在于改变世界。"①心理健康教育的目标，不仅是解释学生的心理健康现状和成因，更关键的在于如何促进他们的心理健康和全面发展。结合高校心理健康教育的需求，对社会主义核心价值观中蕴含的优秀传统文化进行创新性发展，关键在于如何焕发生命活力，促进高校学生的心理健康。首先是依托"三全育人"的优势，将优秀传统文化融入高校的校园文化环境中，融入相关的教学活动里面，融入管理服务的日常生活，促进学生的心理健康。其次是融入心理健康教育的相关管理规定中，引导教职工在参与心理育人的具体实践中展现优秀传统文化的魅力。最后是融入心理健康教师和心理咨询师的教育和咨询实践中。心理健康教师和心理咨询师在践行社会主义核心价值观时，需要对其中蕴含的优秀传统文化有基本的领悟和了解，进而转化为行动自觉，潜移默化地影响学生。其中心理咨询方法也蕴含着优秀传统文化思想，能够让参与咨询的学生体会到优秀传统文化的独特魅力。

三、展现人类共同价值追求的美好愿景

"中国特色社会主义核心价值观基本内容是人类社会建设的一种社会典范，抛弃了西方式的个体与社会二元对立的基本假设，同时结合中国历史文化传统的智慧，结合时代需要，创造出一种新的社会建设路径和方向，注重个体与社会、国家的共同发展，这种社会典范是人类社会多元发展的必要，也是健康发展的必须。"②社会主义核心价值观汲取了世界文明的共同成果，寄托了人类共同价值追求，需要在融入的内容中展现构建人类命运共同体的美好愿景。

（一）展现社会主义核心价值观中蕴含的人类共同价值追求

社会主义核心价值观继承了人类千百年来所形成的价值成果，体现了人类共同的价值追求。社会主义核心价值观个人层面的爱国、敬业、

① 中共中央马克思恩格斯列宁斯大林著作编译局.马克思恩格斯选集：第1卷.北京：人民出版社，1995：57.

② 冉亚辉.论社会主义核心价值观基本内容的理论内涵与伦理意义[J].理论月刊，2015（2）：167.

诚信、友善反映了人类在个人道德层面的价值需求。人类共同价值不是一成不变的，而是在吸收各种文明价值精华的基础上不断发展的。社会主义核心价值观充分凝结并优化了人类共同价值，比较完整地体现了人类价值共识，是人类共同价值的提炼、浓缩和升华。在促进人类形成新的更人道、更公平的价值共识方面理应发挥重要作用。社会主义核心价值观在吸收人类优秀价值的同时，进一步容纳了我国广大劳动人民的价值诉求，妥善调和各种价值之间的冲突，在理论和实践中都大大推进了人类共同价值内涵的发展。为此，有研究者指出："社会主义核心价值观较好地解决了自由与平等的冲突，使人类共同价值能够惠及多数人，实现了个人与共同体在价值层面的平衡，反映了人的自由全面发展的需要，使人类共同价值形成系统的完整的体系。"[①]在心理健康教育中，需要将这些知识融入其中，在阐述心理健康教育理论、内容和心理咨询方法、技巧的过程中，充分体现社会主义核心价值观蕴含的人类共同价值追求。

（二）阐明社会主义核心价值观的超越性

社会主义核心价值观的超越性首先体现在对西方价值观的超越。首先，社会主义核心价值观立足于马克思主义的科学理论，并从我国优秀传统文化中汲取了充分的养分，体现了新时代中国人最大的价值诉求。其次，社会主义核心价值观的超越性还体现在对传统文化的超越上。目前我们从国家、社会和个人三个层面倡导的价值观既是对优秀传统文化的传承，有深厚的文化根基，更是对优秀传统文化的创造性转化和创新性发展，体现了优秀传统文化的新时代生命力。最后，社会主义核心价值观的超越性体现在对个人局限性的超越。社会主义核心价值观是最大公约数，这意味着社会主义核心价值观体现了大家共同的价值追求，因此在一定意义上也是对个体、小群体和团体所具有的小众价值观的超越，是"求同存异"的发展基础。

---

① 虞崇胜、叶长茂.社会主义核心价值观与人类共同价值 [J].中共中央党校学报，2016，20（4）：54-60.

第三节 融入方法上坚持价值引领与价值中立相结合的原则

社会主义核心价值观融入心理健康教育，既要在心理健康知识教育环节坚持价值引领，又要在心理咨询的初始阶段坚持价值中立；既要充分尊重学生个性化的价值观，也要适时对学生心理健康产生负面影响的价值观进行干预。

一、厘清价值中立的理念

价值中立是心理咨询中深入人心的理念，对于心理健康教育有着深远的影响。心理健康教育虽然包含心理咨询，但其并不是心理咨询，不仅不能保持价值中立，还必然涉及价值引领和价值干预。实际上，即使是心理咨询，也不是所有的理论流派都要求进行价值中立，同一种咨询理论也不会全程要求价值中立。为了适切地进行价值中立，需要对价值中立的来源、内涵和实践三个维度进行分析。

（一）价值中立的来源

价值中立作为心理咨询倡导的原则，主要来源于罗杰斯的人本主义理论。该理论十分看重人的价值，相信人的潜能，认为个人应有权利自由选择价值观，不受别人的控制和干预。在这个意义上，心理咨询师不应该干预来访者的价值观。[1]在人本主义理论中，无条件关怀是"价值中立"的直接体现，也是心理咨询的有机构成部分。在心理咨询中，咨询师的价值中立态度，对建立良好的关系，促进来访者自我探索、自我领悟和价值澄清都有十分重要的作用。与此同时，也要清楚价值中立原则的使用是有其内在原因的，正如朱建军研究指出的，"价值中立的作用是为了避免心理咨询师用自己的价值观来评判来访者。心理咨询师如果评

---

[1] 赵冰洁.对来访者中心疗法的"价值中立"的思考[J].西南大学学报(社会科学版)，2003（4）：49-52.

判来访者的价值观，而又对之不同意，则可能会产生不接纳的态度或情绪，这将破坏双方的关系，使来访者感到不被接纳，不可避免地会对来访者造成压力。"①这就是说，价值中立的强调主要是为了建立良好的咨访关系，而不是心理咨询目标的实现。

每一种心理咨询理论背后都有其价值哲学和人性假设。来访者中心理论的哲学基础是西方人本主义，"强调个人存在的意义高于一切，主张个人奋斗、个人表现、个人完善，与中国传统文化中的集体主义精神和主张人际合作有相悖之处。"②因此，在心理咨询中推崇的价值中立虽然有积极作用，但是并不能因此将其"泛化"到心理健康教育的其他方面。同时，心理健康教育工作者在使用"价值中立"理论时，也需要对"价值中立"的内涵做进一步考察。

（二）价值中立的内涵

有研究者指出，价值中立的基本含义在科学研究中主要是要求放弃个人的偏见，尊重专业和学科的发展规律去进行科学化的研究。"一旦科学家根据自己的价值观念选定了研究课题，他就必须停止使用自己或他人的价值观，而遵循他所发现的资料的引导。无论研究的结果对他或对其他什么人是否有利，他都不能将自己的价值观念强加于资料。"③这种价值中立的观点其实也承认研究者有自己的价值观，但是为了获得客观的资料，不能用自己的价值观去强制改变客观的结果。有研究者进一步指出："价值中立不是要求学者没有或不能有自己的价值判断，而是要求他们应弄清在什么地方要诉诸分析的理解，在什么地方要诉诸情感，告诫他们不要把关于事实的科学分析与关于事实的评论相混淆。"④这种观点承认研究者自身具有价值判断的能力，在此基础上倡导科学的研究精神，力求研究的科学性，具有很好的借鉴价值。

---

① 朱建军.心理咨询中价值问题的处理原则 [J].中小学心理健康教育，2013(8)：3.

② 赵冰洁.对来访者中心疗法的"价值中立"的思考 [J].西南大学学报（社会科学版），2003（4）：49—52.

③ 侯钧生.西方社会学理论教程 [M].天津：南开大学出版社，2010：116.

④ 侯钧生.西方社会学理论教程 [M].天津：南开大学出版社，2010：118.

心理咨询中的价值中立是指不对来访者及其行为进行价值评判。"罗杰斯的'价值中立原则'不是说心理咨询师在自己的心里应该对任何价值问题永远保持中立，而是说在心理咨询中，心理咨询师应当不对来访者及其行为进行价值评判。这实际上只是心理咨询师对自己的价值观的'暂时搁置'。"[①]高校心理健康教育中论述的"价值中立"，主要有三个方面的含义。首先，在教育的开始阶段，要对教育对象的价值观采取尊重、理解、包容等"无条件接纳"的态度，而不用道德评判直接否定来访者的价值观进而影响咨访关系和教育效果；其次，教育者也不能将自己的价值观当成唯一的正确选项对教育对象进行不合时宜的价值观引导；最后，对教育对象的价值引领，需要在尊重教育对象需求和教育规律的基础上进行。

（三）价值中立的实践

价值中立在实践中很难实现，甚至有人研究后认为连"价值中立"的倡导者罗杰斯也做不到。罗杰斯指出："心理成长是有价值的，自我实现是有价值的，真诚、美、爱等品质是积极的。"[②]他的这些论断本身就带有浓厚的价值判断的色彩。国外也有学者认为心理咨询效果达成包含着价值观的改变。"实际上，没有脱离价值的治疗这回事，为什么呢？因为成功的治疗包含了改变的发生，而改变的发生通常连带有价值观的改变。"[③]中国台湾学者牛格正、王智弘也认为，"从事务工作的角度而言，要求助人专业人员完全保持价值中立是不太可能的，也无此必要，因为咨商本身就是以学习过程。……当事人的价值观指导着他的人际交往行为，决定如何面对生活经验，如何计划生活目标，以及企图达成生活目标的方式。"[④]蔺桂瑞在 2001 年指出心理咨询中是有价值观的："咨询员要

---

① 朱建军.心理咨询中价值问题的处理原则 [J].中小学心理健康教育，2013(8)：3.

② 朱建军.心理咨询中价值问题的处理原则 [J].中小学心理健康教育，2013(8)：3.

③ Corey, G.Corey, M.S., &Callanan, P.(1993).Issues and ethics in the helping professions(4th). Pacific Grove, CA: Brooks/Cole.

④ 牛格正、王智弘.助人专业伦理 [M].台北：心灵工坊文化事业股份有限公司，2014：188.

尊重和接纳来访学生原有的价值观，不把自己的价值观强加于来访学生，与学生沟通价值观，心理咨询员要有健康正确的价值观。"[①]

这些论述表明，无论是咨询师还是心理健康教师，他们在从事咨询和教育工作之前，都有自己的价值观，忽视心理咨询师或心理健康教师既有价值观是不现实的。"要求'价值中立'本身就是一种价值观，而他们高度肯定这个价值观，否定其他价值观，这本身就不是中立。"[②]心理健康教师这种价值观必然在咨询或者教育过程中进行显性或隐性的呈现，这种呈现就会对受教育者产生潜移默化的影响。因此，即使是在心理咨询领域，忽视心理咨询师和来访者自身的价值观，不顾来访者的实际需要和咨询目标的实现，始终坚持价值中立不仅是不可能的，也是无意义的。

不能忽略的一个事实是，任何心理咨询技术的使用都是为了心理咨询目标的实现。高校心理咨询应以对来访者心理问题的解决、心理健康的促进和全面发展的实现为目标。这就要求心理咨询师不仅要关照到来访者在心理咨询室微观环境下的需要，还必然要考虑到来访者离开咨询室后要继续生活的成长环境的要求，以及成长的"文化基因"，需要经过咨询培养他们的适应和发展能力。脱离现实情况的价值中立就是为中立而中立，这"实际上是一种缺乏灵活性的机械、呆板、僵化的做法，是形而上学的方法论"[③]。具有共同社会基础和文化根基的核心价值观，是咨询师和来访者共同秉持的价值观，有助于来访者适应社会，为形成自己正确的价值判断奠定基础。因此，即使是为了实现咨询目标，心理咨询师也有责任对来访者进行正确的价值引导和价值观教育。

二、发挥价值引领的作用

绝对的"价值中立"在心理咨询中是不行的，在心理健康教育中是不可能的。"心理咨询过程中如果要使来访者的心理、行为和人格有所改

---

① 蔺桂瑞.学校心理咨询中的价值观教育 [J].教育研究，2001（12）：34-37.
② 潘柳燕.心理健康教育的价值承载研究 [M].北京：科学出版社，2016：238.
③ 潘柳燕.心理健康教育的价值承载研究 [M].北京：科学出版社，2016：238.

变，则其价值观也必定会有所改变。"①教育对象基于价值观的积极改变而产生的人格优化，其实是心理健康教育的重要目标。因此，心理健康教育中价值干预是常态，具体到高校学生心理健康教育中，价值引领是常态。

（一）价值引领的含义

价值引领是心理健康教育中价值干预的方式之一。"有必要的价值引导，可以通过价值澄清、价值辩驳与价值领悟，使教育对象确立起与社会主导和主流价值观相一致的科学有为、积极向上的价值观。"②广义的价值干预可以理解为整个价值的参与过程，可由浅入深地划分为价值澄清、价值引导、价值观教育和价值引领等内容。价值澄清是"是咨询员帮助来访者澄清自己的价值取向、明确自己价值体系的真正内容，并帮助澄清来访者在需求、价值和目标这三者间冲突的过程"。③价值引导是"指咨询师在必要的时候引导（而非代替）来访者做出选择，有时甚至引导（不是代替）来访者改变选择"。④价值观教育则是咨询师对来访者的价值观作好坏、正误判断。价值观教育又为价值引领提供基础，价值引领则为价值观教育提供方向和力量。因此，可以说价值引领是价值干预的高级阶段。第一，价值澄清，即需要帮助来访者认识其持有的价值观及其与行为、情感和心理健康问题之间的关系。第二，价值引导，是引导来访者用科学的价值观代替自相矛盾的价值观，促进知情意之间的平衡发展，增进自己的心理健康；第三，价值观教育，是根据教育对象的实际需要，用科学和主流价值观帮助他们更好地适应社会生活；第四，价值观引领，是在价值观教育中用主流核心价值观对教育对象的价值观进行统领，让教育对象有符合主流价值观和超越自身价值观的价值观。具体到当下，就是发挥社会主义核心价值观的引领作用。

---

① 朱建军.心理咨询中价值问题的处理原则[J].中小学心理健康教育，2013(8)：3.
② 潘柳燕.心理健康教育的价值承载研究[M].北京：科学出版社，2016：238.
③ 韩辉.关于价值干预与价值中立的讨论[J].中国心理卫生杂志，2004（4）：286.
④ 陈华.心理咨询中价值干预的有关问题[J].内蒙古师大学报（哲学社会科学版），2000（4）：110.

（二）价值引领的主要措施

发挥社会主义核心价值观的引领作用，要结合心理健康教育不同环节的特点，采取不同的措施。

第一，教学环节中的价值引领。可以通过将社会主义核心价值观融入心理健康教育的理论基础、具体内容和方式方法实现引领。首先是融入心理健康教育的理论基础。心理健康教育的理论都是建立在一定的哲学基础之上的，而哲学中必然有其内蕴的价值判断。价值引领，需要与那些理论中的价值判断进行比较，并在比较中凸显社会主义核心价值观的科学性和超越性，在超越的基础上实现引领。其次是融入心理健康教育的具体内容引领。心理健康教育的具体内容是对相关的理论进行阐释和运用。社会主义核心价值观是立足中国特色社会主义实践的基础上的价值观，既体现了扎根中国社会现实的特色，又直面中国人当下需要解决的具体问题。社会主义核心价值观可以结合高校学生心理健康相关的实际需要，融入细化的具体内容中实现引领。最后是融入促进心理健康的方式方法，通过社会主义核心价值观统领的方法提升实现引领。比如，将爱国的价值观贯穿职业规划中，用敬业的价值观投入学习中，用诚信的价值观直面压力管理，用友善的价值观建立和谐的人际关系等。

第二，心理咨询中的价值引领。在心理咨询环节引入价值观，包含社会主义核心价值观的目的在于拓宽来访者的视野，使其认识到多种价值观选择的可能性，了解作为主流的社会主义核心价值观对其自身症状缓解、问题解决乃至今后发展的作用和意义。针对不同来访者的情况和需求，进行价值引领的方式也有所不同，具体有以下三种方式：

用元认知分析方法帮助回避价值观问题的来访者。由于文化原因、自身认知原因等影响，很多心理出现了问题的学生往往习惯于用躯体化的方式表达自己的心理需求不能从认知层面进行分析和理解。可以将社会主义核心价值观作为标准，对来访者进行元认知分析，分析来访者思维方式的发生发展和变化过程，自然地涉及对来访者价值观，从而进行价值观引领。

用自我图式与社会图式比较法帮助看不到心理健康问题与价值观关系的来访者。一般而言，评判来访者心理健康问题与其价值观相关的依据主要是个体价值观与主流社会价值观有较大的差异和冲突，而长期的心理冲突最终容易导致心理障碍及相应症状。"在心理咨询过程中通过引导来访者对自我图式与社会图式的反复核对比较，很容易发现自己问题的主要症结在哪里"。①这种方式可以让来访者在比较的过程中看到自身原有价值观的不足和缺陷，发现社会主义核心价值观的优势，其对比的过程就是社会主义核心价值观的认同和内化过程。

用行为疗法帮助认识到了自身价值观方面的问题但无法有效改变的来访者。针对有些来访者虽然对认识到了自身的心理健康问题与价值观有关，甚至知道自己需要进行价值观的优化，但是出现了"只想不做"或者"只说不做"的情况，可以在建立了良好的咨访关系的基础上，以布置心理咨询作业的方式，指导来访者尝试通过践行社会主义核心价值观减轻症状的正常行为。在咨询总结和反馈环节，咨询师通过对其行为改变进行及时反馈和肯定性评价，引发来访者对符合社会主义核心价值观的行为产生正向情感反应，进而导致对社会主义核心价值观的认同，在此基础上不断优化自己的行为，完成社会主义核心价值观的内化。

第三，心理健康教育实践活动中的价值引领。心理健康教育实践活动的价值引领，主要是通过实践活动的理念架构、主题设计、内容安排、奖励强化等环节实现。首先是在活动理念上要明确社会主义核心价值观的引导地位，明确排除其他错误思想观念的干扰，为实践活动的开展明确方向。其次是主题设计上，要将社会主义核心价值观与高校学生心理健康发展需求对接，让学生在满足心理健康发展需求的同时，深化对核心价值观的整体或者相关的方面的认识、认同。再次是在内容安排上，既可以专门安排社会主义核心价值观相关的主题，也可以将社会主义核心价值观融入相关的内容之中进行引导。最后是在活动总结、评奖评优等环节，将在心理健康教育实践活动中培育践行社会主义核心价值观作为重要的评价依据，强化培育践行效果，倡导引领风尚。

① 韩辉.关于价值干预与价值中立的讨论[J].中国心理卫生杂志，2004（4）：285.

第四，在心理危机干预中的价值引领。心理危机干预是心理健康教育中的重要内容和特殊环节。社会主义核心价值观的引领作用主要通过心理咨询师在干预过程中的培育践行和成功干预之后的处置阶段实现。这需要心理咨询师以社会主义敬业、友善的核心价值观为指导进行专业干预，同时要求心理咨询师对于成功渡过危机的个案在后期的教育引导中，根据其需求进行价值澄清、引导、教育，发挥社会主义核心价值观的引领作用。

（三）价值引领的注意事项

心理健康教育的目标是促进学生心理健康，实现心理和谐与潜能开发，而不是直接的价值观教育。这也是心理健康教育区别于思想政治教育中思想教育、政治教育和道德教育的根本所在。为此，在价值干预的过程中需要注意以下几点：如果教育对象本身具有了社会主义核心价值观，则不需要进行过多的干预；如果教育对象具备了社会主义核心价值观，同时还有其他与社会主义核心价值观不冲突的价值观也要予以尊重；如果来访者出现了与社会主义核心价值观相冲突的价值观，则需要通过建立良好的咨访关系，通过间接的方式让受教育者自我辨别和自我领悟，并且让他意识到自己价值观存在的问题之后，再进行引导、教育和引领。要避免强迫来访者接受某种价值观的做法。

三、坚持价值引领与价值中立的结合

（一）价值中立与价值引领统一于价值干预

价值中立从某种意义上讲，也是价值干预的一种策略和方式，其最终目的是更好地干预。价值引领也是一种价值的参与和影响过程，是价值干预的一个环节。价值中立与价值引领相结合，有利于在心理健康教育中根据学生的心理特点和心理状况，采取相应的价值应对方式和处理方法促进他们的生命成长与发展。

（二）价值中立与价值引领统一于现实需要

现实的咨询中既不能彻底放弃价值中立，又不能完全做到价值中立。

尤其是高校学生价值观塑造的关键时期所遭遇到的各种价值观的冲突难免会与他们的心理健康问题有错综复杂的联系，必然要求进行价值观引领。心理危机干预也是价值中立和价值引领的结合。心理危机干预处置前期，需要充分运用价值中立，对干预对象进行共情，引导他们的情绪宣泄，在度过危险期之后，则需要对他们进行相应的价值观教育，实现价值引领。成功的心理健康教育本身决定了需要在价值引领和价值中立结合。成功的心理健康教育可以实现育人目标，促进个体的全面发展。这既需要心理健康教师用价值中立的理念去等待和陪伴高校学生进行自我探索，也需要心理健康教师适时进行价值引领，促进高校学生实现自我成长。

第四节　融入方式上坚持尊重规律与因势利导相结合的原则

社会主义核心价值观融入心理健康教育，需要科学分析高校学生心理健康需求的成因，尊重高校学生心理成长规律，结合不同层次和年级学生的心理状态进行融入；遵循心理健康课堂教学规律，结合不同的教学内容和教学环节自然地融入；遵循心理教育活动规律，结合不同群体的不同需要进行融入；遵循心理咨询和心理危机干预的原则，根据来访者和干预对象的实际情况进行融入。

一、尊重高校学生心理成长规律与满足不同需求结合

开展社会主义核心价值观的融入实践要尊重学生心理成长规律，要根据不同层次和年级阶段以及个体心理健康状况设置不同的融入内容。

（一）根据不同层次和年级阶段设置不同的融入内容

高校心理健康教育主要针对研究生、本科生和专科生。对于研究生的心理健康教育内容可以侧重于社会主义核心价值观的学理层面进行融入，对于本科生和专科生还要尊重他们不同发展阶段的需要。高校学生从入学到毕业，会经历不同的心理成熟阶段，每个阶段对社会主义核心

价值观的理解和认同程度也会有区别。社会主义核心价值观融入心理健康教育中，也要充分尊重教育对象在不同阶段的需求。比如，在入学初期，主要问题是由环境适应带来的，这时候对于"友善"价值观的融入相对而言就更加重要一些，教育对象对这一核心价值观的理解也会更加深入一些；到了二、三年级，学生的中心任务和主要压力源是学习，对于他们在学习和科研中的"诚信"教育就显得更为迫切。毕业班学生对就业的关注度更高，对此，教育者设计的活动或者在咨询以及心理健康教育课程内容中对"敬业"核心价值观的融入将会更加容易走进他们内心。因为社会主义核心价值观本身内涵丰富，也是一个有机整体，重点融入某个方面并不是忽略其他的内容做单一融入，而是结合现实需要对不同融入目标有所侧重。

（二）根据不同个体心理健康状态呈现不同内容

首先，尊重教育对象在心理健康教育的四个环节的参与程度和需求上的差异。整体而言，心理健康课堂教学的普及是最广的，可以在其中进行广泛的融入。而心理健康教育实践活动则可以根据不同群体的需要设置不同的内容甚至不同的规则来进行。这需要照顾到不同群体的心理健康状态的特征进行融入。比如，对于家庭经济困难群体的融入可能侧重在敬业价值观的探讨，这更容易赢得他们的共鸣，对于离异家庭群体的同学进行相关活动，侧重对诚信、友善的融入更加贴近他们的需要。相对课堂教学和活动而言，心理咨询的个性化程度更高。心理咨询师需要根据不同个体的成长发展困惑进行有效融入，还需要随着咨询的深入，根据咨询的不同发展阶段进行融入，确保在心理咨询中融入的内容能满足来访者的需要，有利于促进他们的成长和发展。当然，如果来访者本身对社会主义核心价值观非常认同，则相对容易融入；如果来访者对于社会主义核心价值观的理解还不是很准确，在融入时就更加需要注意把握融入的时机和内容解读的深度。在引导来访者理解、认同和践行社会主义核心价值观时，其"方法不能带有强迫性，不能借助压力迫使来访者改变价值观，不能在精神上对来访者进行过度控制。他应该给来访者一定的选择自由，这样才不至于使来访者过分反感或过分依赖心理咨询师"①。

其次，尊重不同专业背景高校学生的需求。无论是"00后"大学生还是"95后"研究生都对自身个性发展需求度比较高。同时，不同专业背景的大学生和研究生对社会主义核心价值观的理解、认同和践行情况也有差异。心理健康教育中融入社会主义核心价值观还需要尊重学生不同的专业背景。对于哲学社会科学类的学生，他们本身对社会主义核心价值观的内涵有相对深入和全面的理解，重点就在于如何结合自己的学习生活实际去践行；对于理工农医类大学生而言，其对社会主义核心价值观的丰富内涵和深远意蕴的理解可能还要继续深入，在融入心理健康教育时，要对丰富的内涵进行阐释，并结合他们的具体实践进行操作性强的指导。

二、遵循心理健康课堂教学规律与鼓励课外运用相结合

充分发挥课堂教学的价值引导性作用。心理健康课堂教学本身就有价值观引导的责任，高校在心理健康课程内容设计时要充分考虑社会主义核心价值观引领作用的有效发挥，要有意识地将社会主义核心价值观融入心理健康教育相关环节。高校心理健康教师在课堂教学中要摒弃心理咨询时的"价值中立"原则，要旗帜鲜明地进行社会主义核心价值观的引领。当然，这种引领要结合课程内容，也需要结合学生的学习状态，做到有机结合、润物无声和潜移默化。

充分运用课上课下相结合教育原则。心理健康教学是兼具理论性和实践性的活动，既要重视普及心理健康科学知识，又要注重引导学生有效运用心理健康知识维护自己的心理健康。社会主义核心价值观融入心理健康教育，就是要发挥课堂上学习理论和普及知识的作用，同时注意利用一切可以利用的力量，加强课后的实践运用。这既需要高校在落实心理育人举措时贯彻"三全育人"的理念，也要高校充分调动学生家庭和社会力量的支持，还有赖于良好社会环境的营造。

---

① 朱建军.心理咨询中价值问题的处理原则[J].中小学心理健康教育，2013(8)：3.

三、遵循心理健康教育实践活动原则与完善内容形式结合

社会主义核心价值观融入心理健康教育实践活动的主要原则主要有三方面：设计要有针对性，内容要与时俱进，形式要喜闻乐见。

融入心理健康教育活动的设计要有针对性。要确保社会主义核心价值观融入心理健康教育实践活动的实效性，既要有内容上的时代感，又要有针对性。首先，活动设计要有针对性，比如针对大一和大四、本科生和研究生的不同年级不同群体的活动设计内容不同的活动，其中融入的社会主义核心价值观的内涵层次性也有差异。同样是友善的内容，低年级的本科生可能侧重人际交往中的友善内涵，而高年级和研究生可能会涉及"四海之内皆兄弟"的友善社会行为。另外，对于团体心理辅导不同目的的活动融入内容也会有不同。尤其需要注意的是，社会主义核心价值观融入心理健康教育目的是引导心理健康教育活动的深入开展，并在此基础上促进社会主义核心价值观的理解和内化，而不是为了融入而"灌输"式融入，更不能不加区分、不分重点地强行融入。

融入心理健康教育活动的内容要与时俱进。随着"00"后成为大学生的主力，"95"后成为研究生的主体，他们的心理状况、心理健康知识和对心理健康教育的态度与以往的高校学生群体会有所不同。高校心理健康教育的内容也要做相应的调整。社会主义核心价值观融入心理健康教育的实践活动，在内涵阐释上要注意话语体系的转换。在确保社会主义核心价值观科学内涵的前提下，要注意采用当代高校学生主要关心的热点，关注的事件和关切的利益进行融入，便于他们更好地理解、认同社会主义核心价值观，进而为宣传和践行社会主义核心价值观做准备。

融入心理健康教育活动的形式要喜闻乐见。心理健康教育实践活动的内容丰富多彩，样式不断翻新，越来越受到当高校学生的喜爱。社会主义核心价值观的融入，要充分借鉴心理情景剧、心理微电影、心理摄影大赛、心理美文创造以及团体心理辅导和相关的心理小游戏等喜闻乐见的形式，进行有机融合。让高校学生在学习心理健康知识，掌握心理

健康维护技巧的同时，深化对其中蕴含的社会主义核心价值观的理解，加强践行社会主义核心价值观的自觉性、主动性和创造性。

四、遵循心理咨询的原则与促进学生全面发展相结合

社会主义核心价值观融入心理咨询要遵循的原则主要包括民主性原则、启发性原则、整体渐进性原则和保密性原则，同时要注意在心理咨询中促进学生的全面发展，而不是为了遵循原则而遵循原则，也不仅仅是为了解决当下的问题而开展咨询。

（一）遵循民主性原则

心理咨询中主要以平等的态度对待来访者，使心理咨询在自然、和谐、温暖的气氛中进行，润物无声地产生效果。社会主义核心价值观的融入也需要遵循民主的原则，尤其是对在心理咨询中表现比较拘谨、性格内向的学生，在进行价值干预和价值澄清时都要注意态度和蔼，注意建立信任之后，在他们有需求的基础上进行相应的社会主义核心价值观的融入。

（二）遵循教育启发性原则

在心理咨询过程中，如果发现高校学生的心理困惑与价值观相关，或者学生本人的价值观存在需要引导的方面，也要用无条件接纳的状态，鼓励作为来访者的学生充分表达真实的自己，启发他们准确地表达自己的情况。心理咨询要在掌握学生的基本情况的前提下，帮助学生进行有效的分析，让学生自己意识到存在的问题，或者想要改进的方面，进而鼓励其培养积极进取的精神，树立正确的世界观、人生观和价值观，尤其是培育践行社会主义核心价值观。

（三）遵照循序渐进的原则

社会主义核心价值观的融入，既要结合咨询中来访者的问题，又要结合来访者的咨询状态，还要结合整个咨询的时间安排。因此，需要在心理咨询过程中进行循序渐进的安排。这也要求心理咨询师在心理咨询过程中，要运用系统论的观点开展工作，注意心理活动的有机联系，同

时要善于抓住心理咨询中呈现的主要矛盾，使社会主义核心价值观的融入工作做到迅速、准确、有效。

（四）遵循保密性原则

保密性原则是心理咨询中特别重要的原则，是确保心理咨询工作有序有效开展的前提和基础。社会主义核心价值观融入心理咨询的过程中，心理咨询师也要保守咨询对象谈话内容的秘密。只要没有突破保密例外的原则（自伤、伤人或者违法犯罪等）咨询师原则上不能将咨询期间来访者的情况告知第三方，而是要通过价值观澄清帮助来访者看到问题与价值观的相关性，通过价值观引导等干预手段实现用社会主义核心价值观引领的目的。这样既是为了尊重咨询对象还处于价值观塑造的关键时期的成长规律，也是为了咨询工作的有效开展，为社会主义核心价值观的持续融入提供机会。

五、遵循心理危机干预的原则与提升学生生命质量相结合

心理危机干预是心理健康教育"五位一体"体系中的关键部分，在心理健康教育中有其自身的特殊性，社会主义核心价值观的融入也是为了更好地进行心理危机干预，肯定也需要尊重生命第一、生命价值至上的原则。社会主义核心价值观的融入也要充分尊重心理危机干预的阶段特殊性和心理危机干预的时间紧迫性。除此之外，融入还要提升干预对象对生命的认识境界，促进干预对象生命质量的提升。

尊重心理危机干预的阶段特殊性。心理危机干预大体可以分为事前、事中和事后三个阶段，每个阶段的工作重点并不相同。在事前的危机预防阶段，有心理健康知识的普及和心理危机的识别等内容。其中心理健康知识的普及部分主要是在心理健康课堂教学、相关专题培训和实践活动中进行的，社会主义核心价值观的融入按照文中上述的原则进行即可。在心理危机识别部分，则不仅是知识的传授，还要发动全校师生员工积极参与，让他们有心理危机识别的敏锐意识和基本知识，这就需要融入社会主义核心价值观，让他们心存友善，善待处于心理危机状态的学生；

对生命心存敬畏，结合所在岗位提高主动识别危机的意识，甚至参与到心理危机干预事中的有关环节中。对于事后的干预，要根据干预对象和危机事件的诱发因素进行融入。对于事件中涉及干预对象的价值观部分的内容则可以在价值澄清的基础上进行社会主义核心价值观的适时引导，用社会主义核心价值观引领学生快速适应现实社会生活，并在现实的学习生活中通过践行社会主义核心价值观提升生命质量。

尊重心理危机干预的时间紧迫性。心理危机干预从其启动开始，各环节紧密相连，而实际操作过程中则与干预对象状态的变化而不断改变，干预时间可以用分秒必争来形容。社会主义核心价值观的融入主要体现在干预的专家自身要充分践行社会主义核心价值观，在干预活动中敬业地运用专业知识，同时将友善和真诚内化为自己的人性关怀和人格魅力去吸引和感化干预对象。其次是对于干预团队中全体人员的融入，他们也需要对心理危机干预活动的敬畏心，按照心理危机干预的专业操作程序，因势利导地开展活动。

第五节　融入主体上遵循全员参与和学生自我教育相结合的原则

心理健康教育作为高校教育的有机组成部分，需要尊重高等教育的规律和规范，也需要高校对其足够重视。社会主义核心价值观融入心理健康教育，需要高校以"三全育人"的架构为着眼点，动员和指导全员参与；充分提高教育对象的主体意识，激发他们主动和积极参与；充分发挥心理委员制度的独特优势。

一、以"三全育人"理念发动全员参加融入活动

心理健康教育是一项系统工程，社会主义核心价值观融入心理健康教育同样需要全程融入、全方位融入和全员融入。其中，全员参与是融入主体的重要方面。高校将心理健康教育纳入"十大"育人体系，提升

我国高校学生心理健康教育的育人质量，就需要借助高校有关部门和全体教职员工的力量，推动全员重视心理健康教育，全员参与心理健康教育，把心理健康教育贯穿于学校工作的各个方面，尤其贯穿于学校教育教学、科学研究和管理服务的各个环节，形成全方位的心理育人合力。

（一）融入心理健康教育要与其他学科及课程相结合

心理健康教育仅仅依靠心理健康教师的指导和咨询是不够的，必须渗透到学校教育教学的全过程。有研究指出："越来越多的教师把心理学原理和对学生的心理健康教育有机地渗透到教育教学活动之中，实现教书育人的统一，从而培养学生健康的心理、优秀的品质、良好的学风。"[1]为此，融入也要提高全体教师对社会主义核心价值观的深度理解，提高教师的心理素质和教育艺术，在教育教学活动中，主动运用融入社会主义核心价值观之后的心理健康教育理论和内容，解除或缓解学生的认知、情绪情感或行为方面的困扰，帮助学生确立积极进取的人生态度，提升人生境界，增强他们建设中国特色社会主义的动力。

（二）融入心理健康教育要与高校学生管理服务相结合

有研究指出："大学生在学习、生活中所遇到的各种各样的思想和心理问题经常是交织在一起的，仅靠单一的教育方式难以达到良好的效果。因而，思想政治教育和心理健康教育应该互相渗透，有机结合，社会、家庭、学校等各方面因素有机结合，共同加强学生的心理健康教育。"[2]高校学生管理工作能够贴近学生、围绕学生、服务学生，因此，能及时掌握学生的思想动向和心理状态，及时发现学生的心理问题和心理健康方面的需求。融入心理健康教育与高校学生管理相结合，可增强社会主义核心价值观融入心理健康教育的针对性、实效性，有助于提升学生的思想认识，契合学生管理目标，统一于立德树人的根本任务。

---

[1] 彭晓玲. 高校心理健康教育的误区与对策思考 [J]. 西南大学学报（社会科学版），2002（4）：21-25.

[2] 史济纯，陈玉民. 大学生心理健康教育存在的问题与对策 [J]. 教育探索，2011（5）：149.

（三）融入心理健康教育要发动学校全体教职员工

高校学生的不少心理问题都是由现实生活中的实际困难引起的，只有全员参与的心理健康教育模式，才能为学生的实际困难提供帮助，从而有利于心理健康教育的开展。因此，社会主义核心价值观的融入需要与学校的教学育人、科研育人、管理育人、资助育人、组织育人、服务育人结合起来，动员学校全体教职员工都参与学生的心理健康教育，把学生心理健康教育渗透到学校各项工作中去。全员参与心理育人是国家一贯的政策要求。2005 年，教育部在《关于进一步加强和改进大学生心理健康教育的意见》（教社政〔2005〕1 号）文件中指出，"高校所有教职员工都负有教育引导学生健康成长的责任，要着力构建和谐、良好的师生关系，强化大学生心理健康教育的全员参与意识。学校应将心理健康教育内容纳入新进教师岗前培训课程体系。辅导员、班主任、研究生导师是大学生心理健康教育工作的重要力量，每年应为他们至少组织一次心理健康教育专题培训。应对学生宿舍管理员等后勤服务人员开展相关常识培训。"这为发动学校全体教职员工参与融入提供了有力依据和有利条件。

有学者曾在 2008 年提出："全心理教育观的内涵和外延极为丰富，包括全人心理教育，全面心理教育、全员心理教育和全位心理教育。"[1]这种理念非常值得相关人员在社会主义核心价值观融入心理健康教育中借鉴和实践。

二、健全机制，引导学生积极开展自我教育

心理健康教育过程既是教育者对受教育者进行教育的过程，又是受教育者自我教育的过程。因此，社会主义核心价值观融入高校心理健康教育，需要引导学生进行自我教育。这需要充分尊重高校学生作为教育主体的地位，积极调动高校学生参与自我教育的主动性，同时不断完善学生开展自我教育的机制。

---

[1]　崔景贵 . 学校心理教育的基本理念及其建构 [J]. 思想理论教育，2003（1）：65.

（一）充分尊重学生作为教育主体的地位

高校学生是自身心理发展的主体，是自身心理健康教育的主人。心理健康教育的影响都必须通过学生主体的参与、认知、认同和内化才能有效发挥作用，即结合他们自身当时所具有的心理状态和心理活动而产生作用。"一般来说，学校心理教育的效能与学生主体的参与程度呈正相关，没有学生积极主动的自觉参与，学校心理教育就会'形同虚设''可有可无'。"[①] 高校学生，本身都具有较好的自我教育能力和自我教育意愿，同时对于学校提供的教育具有较高的个性化需求。因此，社会主义核心价值观融入高校心理健康教育中，需要充分尊重学生作为教育主体的地位。高校及高校心理健康教师都要极力避免让他们处于被动接受和消极应对的状态。忽视学生的主体作用，不仅不能产生融入的效果，反而有可能激发他们的消极抵抗情绪而适得其反。

（二）积极调动学生参与自我教育的主动性

高校和心理健康教师可以从教育活动环节的设置、内容的设计和活动形式的征集甚至活动场地的安排等方面充分尊重学生的意愿，尽力满足学生的需求，调动他们在社会主义核心价值观融入心理健康教育过程中进行自我教育的主动性。比如，在教育活动环节的设置上，尽量增加让学生进行自我和团队展示的机会，给他们"出彩"的平台；在内容设计上，充分结合他们的关注点进行安排，让他们充分感受到融入活动是按照他们的认知习惯在进行，贴近学生、围绕学生然后服务学生；在活动形式上，充分尊重他们的需要，比如，利用微信、微博、抖音、快手等网络工具开展教育，通过短视频的形式展示社会主义核心价值观融入心理健康教育重点内容的效果等，增强教育活动的吸引力，从而调动学生参与自我教育的主动性；注意学生的自觉认同、自主接受与自我内化，强调引导学生自己认识自己的问题，主动寻找自身问题的解决办法，并在学习生活中自主做出理性的判断与合适的选择，增强社会主义核心价值观融入的成效。

---

① 崔景贵.学校心理教育的基本理念及其建构[J].思想理论教育，2003（1）：66.

（三）不断完善学生开展自我教育的机制

高校可以通过完善网络心理健康服务的机制、自我发展的榜样示范机制以及朋辈互助的成长机制来完善学生开展自我教育的机制。在完善网络心理健康服务的机制构建上，高校可以构建学校的心理健康服务网络平台，开发自主心理健康测试、心理咨询预约等功能。在网络测评结果的分析中，可以适时将社会主义核心价值观融入其中，对于测试结果需要进行价值干预的学生，发挥社会主义核心价值观的引领作用。在自我发展榜样示范上，将社会主义核心价值观融入自我完善、情绪管理、人际沟通、人格培育、生涯规划、学习管理等方面的先进学生事迹介绍和经验分享中，让学生通过替代性学习的方式，掌握心理健康维护知识和技能的过程中内化社会主义核心价值观。朋辈互助是指可以通过开展朋辈的团体心理辅导、素质拓展等活动，让学生在和同龄人一起参与活动中实现心理健康维护的功能。我国高校心理委员制度具有独特的优势，在促进融入效果上有特殊作用。

三、充分发挥心理委员制度的特殊作用

高校心理委员制度是高校学生开展自我教育的重要组成部分。"高校心理委员是指在学生班级中设立的专门服务于同学心理健康需要，承接校、院心理健康工作，实现学生自我教育、自我服务、自我成长的班级学生干部。"[①]心理委员在高校心理健康教育中的作用也越来越明显，不仅受到高校的重视，也受到学生的认可。有研究表明，在求助方式上，大学生向同伴群体求助的需求是最高的，"学当遭遇心理困扰时，向同伴群体寻求帮助的比例最高（69.4%），其次是父母（30.4%），再次是恋人（12.7%），而向心理教师等专业人员求助的比例最少，仅为 4.5%。向心理教师求助的比例比 2007 年有所提高（提高了 3.3%），而向同伴群体求

---

① 马建青，欧阳胜权.高校心理委员的发展历程及价值[J].思想理论教育，2020（6）：106.

助的比例比 2007 年提高了 26%。"①因此，在开展融入过程中，需要充分发挥心理委员的特殊作用。

首先，要注意发掘心理委员践行社会主义核心价值观的引领和示范功能。高校心理委员是"学校—学院—班级—宿舍—网络"五级心理健康教育体系中的重要组成部分。上述研究表明，作为掌握心理健康知识较多的大学生朋辈群体是大学生们潜在的求助对象。有针对性地提高心理委员对社会主义核心价值观的认知认同和内化，可以发挥他们在心理健康教育相关环节中对社会主义核心价值观培育践行的示范甚至引领作用。

其次，在具体的教育培训中对心理委员进行培训。可以在就业、情感、人际关系、学业等专题朋辈辅导的培训中融入社会主义核心价值观的理念、内涵以及方法，深化他们对社会主义核心价值观的认知，提高他们对于社会主义核心价值观融入心理健康教育的作用和意义的认识，强化他们在培训过程中对社会主义核心价值观的自觉践行的动力。

最后，指导心理委员开展心理健康教育活动时适时融入社会主义核心价值观。全国高校心理委员研究协作组已于 2006 年 12 月成立，目前已建立了心理委员 MOOC 的标准，搭建了高校心理委员 MOOC 线上认证平台。这些组织和平台的建立，为指导心理委员开展心理健康教育活动时适时融入社会主义核心价值观提供了有力保障。高校心理委员可以在向本班学生宣传心理健康知识，帮助他们树立科学的健康观念，掌握心理调适的基本方法，提高同学的心理健康水平等环节中融入社会主义核心价值观的相关理念、内涵，还可以在为有需要的同学提供朋辈辅导，提供情感支持和心理疏导的实践中践行社会主义核心价值观。

社会主义核心价值观的融入时遵循融入理念、方法、内容、方式等方面的原则和规律，不仅有利于提升高校学生的心理健康水平，增强心理健康教育的育人成效，也有利于发挥社会主义核心价值观对心理健康教育的引领作用，进而增强社会主义核心价值观的培育践行。

---

① 林磊，陶思亮，王群．大学生心理健康状况调查与分析：以上海高校为例 [J].思想理论教育，2015（5）：91.

第五章　社会主义核心价值观融入高校心理健康教育的主要内容

习近平指出："一个民族、一个国家的核心价值观必须同这个民族、这个国家的历史文化相契合，同这个民族、这个国家的人民正在进行的奋斗相结合，同这个民族、这个国家需要解决的时代问题相适应"。[①]因此，社会主义核心价值观的融入，既要有传承性，又要有时代性，还要有针对性。

社会主义核心价值观是一个有机整体。"从紧密关联、整体共生的角度而言，爱国、敬业、诚信、友善等公民价值准则的践行，是富强、民主、文明、和谐、自由、平等、公正、法治等价值追求落到实处的重要基础；同时，富强、民主、文明、和谐、自由、平等、公正、法治等价值追求也为我们理解应当如何爱国、敬业，如何更好地践行诚信、友善等，提供了丰富而明确的思想维度和价值引导。"[②]社会主义核心价值观融入心理健康教育，是在侧重个人价值准则基础上的整体性融入。

社会主义核心价值观融入高校心理健康教育的主要内容是是以教育部"教思政厅〔2011〕5号"和"教党〔2018〕41号"等相关文件规定为基础，聚焦影响当代高校学生心理健康和全面发展密切相关的内容。尤其以《普通高等学校学生心理健康教育课程教学基本要求》（教思政厅〔2011〕5号）要求的"使学生明确心理健康的标准及意义，增强自我心理保健意识和心理危机预防意识，掌握并应用心理健康知识，培养自我

---

① 中央文献研究室.习近平谈治国理政[M].北京：外文出版社，2014：171.

② 沈壮海.爱国、敬业、诚信、友善：公民的价值准则[J].湖北社会科学，2014(10)：180.

认知能力、人际沟通能力、自我调节能力，切实提高心理素质，促进学生全面发展"为重要依据。

本章在结合时代发展和高校学生实际的基础上，深入阐述社会主义核心价值观的国家价值目标、社会价值取向、个人价值准则三个层面及其中蕴含的马克思主义中国化理论和优秀传统文化思想，融入心理健康教育的主体内容有 6 个方面，分别是通过融入人格培养，塑造积极人格；融入压力管理，引导科学减压；融入生涯规划，提升能力发展；融入学习心理，提高学习成效；融入人际交往，促进人际和谐；融入生命教育，促进健康成长。

第一节　社会主义核心价值观融入积极人格塑造

人格是个体最稳定的心理结构，对个体的影响也最为持久和深远。社会主义核心价值观的融入，要求深入人格结构，内化为人格特质，继而积极影响个体的心理健康甚至全面优化个体的认知、情绪情感、意志和行为。社会主义核心价值观融入人格培养，需要分析高校学生积极人格的内涵和特点，阐述高校学生积极人格的核心品质，进而明确社会主义核心价值观融入对高校学生积极人格塑造的重要意义。

一、高校学生积极人格的内涵和特点

高校学生积极人格是在参照西方积极人格理论基础之上，结合我国高校学生的实际情况和我国文化特殊性而确立的人格思想。

（一）积极人格的内涵

积极人格的含义。积极人格是积极心理学的重要内容。当人格的积极方面占据主导地位，发挥主导作用，表现出人实际的、潜在的具有建设性的力量、美德和机能时，便容易形成积极人格。积极人格具有一种在结构上和动力上向自我实现发展的特征，表现出人格的完整性、统一性、稳定性、进取性、幸福性等特点①。

积极心理学中的积极人格特质包含智慧、勇气、仁慈、正义、克己、超然等 6 种美德和 24 项个人优势。②有学者在此基础上提出积极人格是"人的积极力量，由生理机制、外部行为和社会环境三者的交互作用形成，最终通过个体的认知构建，结合实践活动，内化为个体成长必备的积极品质"③。

（二）高校学生积极人格的内涵

国内学者对高校学生积极人格内涵的理解具有不同的侧重点。"对世界抱开放态度，乐于学习和工作，不断吸取新经验；以积极的眼光看待他人，拥有良好的人际关系和团队精神；以积极的态度看待自己，能自知、自尊、自我接纳；以积极的态度看待过去、现在和未来，追求现实而高尚的生活目标；以积极的态度对待困难和挫折，能调控好情绪、心境良好。"④也有学者根据西方积极心理学的人格理论对我国大学生积极人格做出了阐释："我国大学生群体所表现出来的具有一定普遍性和代表性的积极人格特质，是稳定和固有的，是大学生个性优势与美德的展现，是大学生在先天潜能和后天环境交互作用基础上形成的，可以帮助大学生生活得更加幸福，更好地自我实现。"⑤有研究让大学生对自己的积极人格品质自评得分排序，发现"位列前五位的依次是爱、感恩、友善、公正和美的欣赏"，同时发现大学生积极人格品质存在性别差异上的显著

---

① 胡佳新，蒋明宏．积极人格特质：当代大学生逆境生存的"抗体"[J]．教育理论与实践，2016，36（12）：36.

② 卡尔．积极心理学（第二版）[M]．丁丹，译．北京：中国轻工业出版社，2015：65.

③ 胡佳新，蒋明宏．积极人格特质：当代大学生逆境生存的"抗体"[J]．教育理论与实践，2016，36（12）：36.

④ 菲尔德曼．心理学与我们[M]．黄希庭，译．北京：人民邮电出版社，2008：225.

⑤ 吴亚子，徐町，陈婷，等．近年来我国大学生积极人格特质研究[J]．校园心理，2018，16（1）：46.

性，"女性得分高于男性的积极人格品质是爱、感恩、友善、公正、美的欣赏、领导和宽恕；男性得分比女性高的是洞察力和自我调节"[①]。

综合上述，不同的学者通过不同的研究方法和视角提出了各有侧重的高校学生积极人格特征。高校学生积极人格的内涵主要包含以下六个方面：克制的自我管理、和谐的人际关系、坚毅的意志品质、高尚的目标追求、开放的学习态度和卓越的发展力量六个方面，也即高校学生积极人格的六大核心品质。

二、融入高校学生积极人格的六大核心品质

社会主义核心价值观融入积极人格塑造，主要是通过将社会主义核心价值观整体性融入以下六个方面，实现积极人格的培养：克己的自我管理，和谐的人际力量，坚毅诚信的品质，高尚的生活目标，开放的学习态度，卓越的发展力量。

（一）社会主义核心价值观融入克己的自我管理

积极人格的自我管理维度包含"宽容（原谅对不起自己的人）、稳重（让成绩说话）、谨慎（谨言慎行，不说后悔的话，不做后悔的事）和自我调节（调节自己的情绪和行为）"[②]等品质，这些与中国儒家文化中的克己思想有一致之处。社会主义核心价值观中蕴含的优秀传统文化不但包含这些积极品质，并且在涵义上更加丰富，主要有仁爱中的宽恕、友善中的谦恭、中庸里的谨慎和克己复礼中的自制。

1.在仁爱中学会宽恕

儒家传统文化的"仁爱"思想非常丰富，简而言之，其中包含用"己所不欲，勿施于人"（《论语·颜渊篇》）的同理心去理解别人的感受，用"以爱己之心爱人，则尽仁"的思想去关爱他人，用"不患人之不己知，患不知人也"（《论语·学而》）的开放心态去理解他人。另一方面，努力

---

① 毛晋平，杨丽.大学生的积极人格品质及其与学习适应的关系[J].大学生教育科学，2012（4）：39-40.

② 卡尔.积极心理学（第二版）[M].丁丹，译.北京：中国轻工业出版社，2015：65.

"修己以安人"(《论语·宪问》),"躬自厚而薄责于人"(《论语·卫灵公》)。在培养高校学生宽恕人格时,既要引导他们学会提高自己修养,严于律己,还要引导他们宽以待人,关心他人,理解他人。

2.在友善中学会谦恭

谦恭简单地理解,就是对自身能力的谦虚,对他人能力的恭敬。沈壮海研究指出:"友善的内涵可以包括谦敬礼让、帮扶互助,志同道合、携手奋进等。"[①]中国文化非常崇尚谦卑,既有孔子"三人行,必有我师"(《论语·述而》)的践行倡导,也有毛泽东主席"谦虚使人进步,骄傲使人落后"的告诫。引导高校学生培养友善品德,容易使他们保持谦恭虚心,善于发现自己的不足,同时善于学习别人的长处,能更好地理解和践行谦恭的人格。

3.在"无为"里学习谨慎

积极心理学里的谨慎是指"谨言慎行,不说后悔的话,不做后悔的事"。《道德经》对于"无为"的强调,主要是指不要肆意妄为,需要谨慎对待人和事,其中对谨慎做了详细和具体的说明:"豫兮,若冬涉川;犹兮,若畏四邻;俨兮,其若客;涣兮,若冰之将释;敦兮,其若朴;旷兮,其若谷;混兮,其若浊;澹兮,其若海,缪兮,若无止。"(《道德经·第十五章》)按照这里关于谨慎的含义培养高校学生的谨慎品质,可以引导学生能够对生活保持敬畏,在与他人相处时保持合理距离,对事务处理保持不自满的分寸。当以这种的状态去谨慎从事时,就能够做到"不说后悔的话,不做后悔的事"。

4.在克己中领悟自制

自制,本意是自我克制。在积极心理学中其意为"调节个人感受和行为,遵守纪律,控制个人的欲望和情绪"。儒家思想中特别强调克制。当颜渊问孔子关于仁的含义时,孔子答复:"克己复礼为仁。一日克己复礼,天下归仁焉,为仁由己,们由人乎哉?"(《论语·颜渊》)这里孔子对于"克己复礼"特别强调自身的主动性和自为性。当颜渊继续追问具

---

① 沈壮海,刘水静.友善:处理人际关系的基本准则[N].人民日报,2014-02-17(16).

体细节的时候，孔子曰："非礼勿视，非礼勿听，非礼勿言，非礼勿动。"（《论语·颜渊》）儒家思想中强调的"克己复礼"则更加细致和具体，这就是一种超越。

（二）社会主义核心价值观融入和谐的人际关系

积极人格的人际优势强调善良、爱和社会智力。

作为高校学生，在强调善良、爱和社会智力的人际优势时，还要特别注意和谐人际关系的构建需要有共同的核心价值观认同作为基础。需要有"爱国"核心价值观的情怀以及为建设"富强、民主、文明、和谐"的追求，需要有"敬业"核心价值观的投入以及为建设"自由、平等、公正、法治"的追求，还要有"诚信"价值观的保障。这些是构成和谐人际关系中"求同存异"的重要前提。否则，可能因为"道不同，不相为谋"（《论语·卫灵公》），而失去构建人际关系的基础，也就没有和谐人际关系的存在。

社会主义核心价值观的个人层面价值规范包含了很多人际关系的内涵，"友善"核心价值观中蕴含的儒家仁爱思想包含了人际优势中的诸多特点。仁爱思想对人际和谐和关爱区分了不同的层次。一是爱护亲人。《论语》里"爱亲"即为孝道："君子务本，本立而道生。孝弟也者，其为仁之本与！"（《论语·学而》）所以，孝悌是爱护亲人的方式。爱护亲人，首先是孝敬自己的父母，爱护自己的兄弟姐妹。二是泛爱众。"弟子入则孝，出则弟，谨而信，泛爱众，而亲仁，行有余力，则以学文"（《论语·学而》）。孔子认为做人应该有博爱之心，所谓"君子敬而无失，与人恭而有礼，四海之内皆兄弟也"（《论语·颜渊》）。四海之内皆兄弟，就是对社会中其他的成员，有广泛的关爱。《礼记·礼运》记载："故人不独亲其亲，不独子其子；使老有所终，壮有所用，幼有所长，矜寡孤独废疾者，皆有所养。"[①]爱众，就是要爱护自己所遇见的每一个人。三是从真爱出发。那就是关爱人的生命，共情他的人性，尊重他的人格，做到"一视同仁"。无论是家庭、家族还是社会，人与人之间的关系应当

---

① 李学勤.十三经注疏：礼记正义[M].北京：北京大学出版社，1999：654.

以仁爱为本，对待自己、对待别人都应该从人心最原始、最真实的爱出发。因此，在教育高校学生培养和谐人际关系的人格优势时，既要做到"己所不欲勿施于人"，又要做到"己欲达而达人"，甚至还包含了"达则兼济天下"的情怀和使命，而不仅仅是重视西方积极人格理论中局限于小我的人际关系。

（三）社会主义核心价值观融入坚毅诚信的品质

积极人格的强调勇气和坚毅品质的培育，即"本真（说真话，表现真实自我），无畏（在威胁、挑战、困难和痛苦面前不退缩），毅力（一旦开始就坚持到底），热忱（用热情和活力拥抱生活）"[①]。社会主义核心价值观融入高校学生坚毅诚信的品质，具体而言是融入勇敢、坚韧、诚信等方面。

1.在教育学生勇敢中培育"爱国"价值观

自古以来，勇敢就是一个极为重要和被普遍倡导的品质。《诗经》中出现了"无拳无勇"（诗经《小雅·巧言》）和"敷奏其勇"（诗经《商颂·长发》）。据考证，"'勇'字在《论语》中出现 16 次、《孟子》中出现 15 次、《荀子》中出现 31 次，而且立足于不同语境对'勇'进行了精深的阐述。"[②]历代儒家所言说的"勇"，包含勇气、勇力、勇敢、勇性、勇毅等多种意蕴，其内涵要远比当今惯常使用的"勇敢"一词丰富得多。《论语》提出"知者不惑，仁者不忧，勇者不惧"（《论语·子罕篇》），中庸中明确指出"知、仁、勇三者，天下之达德也"（中庸·第二十章）。在儒家看来，真正的勇敢并非一味地轻生好斗，而是面对艰难险阻大义凛然，直道而行，毫不退缩。同时，孔子强调要出以公心，以强烈的社会责任感见义勇为，敢于同非正义言行作坚决斗争，所谓"见义不为，无勇也"（《论语·为政》）。从这个意义上讲，西方积极人格强调的"面对威胁、挑战、困难或痛苦不退缩，即便有反对也要坚持正确的，依据信

---

① 卡尔.积极心理学（第二版）[M].丁丹，译.北京：中国轻工业出版社，2015：65.

② 涂可国.儒家勇论与血性人格[J].理论学刊，2017（4）：90.

念行事，即便该信念还不流行，包括身体上的勇敢以及身体以外的勇敢"只是中国传统文化中一部分而已。

2. 在锻炼学生坚韧中培育"敬业"价值观

社会主义核心价值观中的敬业，内涵丰富，有研究者指出，敬业价值观包含四个层次，其中第四层次的内容是把职业作为生命信仰，把事业化为生命的内在要求，为人民工作、为大众谋幸福。这是敬业价值观最高层次的内容，其核心是为人民服务、为社会服务的奉献精神。[①]当前，实现中华民族伟大复兴是全体中国人的伟大梦想和共同愿望，这是一个非常艰苦漫长的过程，肯定会遇到各种各样的困难和问题，需要一代又一代人为之付出不懈的努力，尤其需要敬业精神提供动力之源，需要高校学生通过自己勤奋刻苦学习和开拓创新工作。参与这个过程就是坚韧品质的培养。《孟子》中的名句"故天将降大任于是人也，必先苦其心志，劳其筋骨，饿其体肤，空乏其身，行拂乱其所为，所以动心忍性，曾益其所不能"（《孟子·告子下》）。不仅说明了传统文化中对坚韧品格的倡导，还说明了困苦不仅可以锻炼人的意志，培养人的能力，还蕴含着新的发展机会，以此激励大家善始善终，愈挫愈勇，尽管遇到障碍也坚持到底，"将所做事情纳入成功轨道，乐于完成任务。"

3. 在教育学生诚实守信中培育"诚信"核心价值观

社会主义核心价值观直接将"诚信"列为个人层面的核心价值。诚信首先就是个人内心真实，不自我欺骗。其次就是能够信守约定履行承诺。诚信是中华民族传统美德，是中国特色社会主义文化的道德根基。中国传统文化的诚信，主要包含"诚"和"信"两个方面。"诚"主要针对自身修养而言，要求做人必须诚实、率真；"信"则主要从与他人交往来讲，要求做人必须重诺、守信。孔子倡导"与朋友交，言而有信"。儒家将"人无信不立"作为"仁"学的"五端"（仁义礼智信）之一。孟子把当时社会中的人际关系道德规范，概括为五个原则"父子有亲，君

---

① 杨业华，于雨晴.论大学生敬业价值观的培育和践行[J].思想教育研究，2015（2）：82-83.

臣有义，夫妇有别，长幼有序，朋友有信"（《孟子·滕文公章句上·第四节》）。

（四）社会主义核心价值观融入高尚的人生追求

高尚的人生追求是一个比较宽泛的概念，这里主要是针对个体生活目标中的社会性这方面进行阐述，在积极人格中对应的是"正义"的美德，其特征是公民优势，主要包括公平（按照公平原则对待所有人），领导力（组织群体活动，确保活动顺利完成），团队合作（作为团队的一员，高效地工作）三个方面。

1.用"平等"核心价值观培育公平意识

公平是指"按照公平原则对待所有人"，这里主要是指个人层面的处事原则。从高校学生的角度而言，只有他们正确理解公平的含义，认同平等的价值观，才会愿意按照公平的方式处事待人，其实也就实现了"按照公平原则对待所有人"。公平对个人而言也是"正心"的自我修养，要根据公平正义原则"对所有人一视同仁；不要让个人情绪形成对别人的偏见，为所有人提供公平机会。"在人格培养中既培养学生"正心"的自我修养，又引导学生为构建公平社会贡献力量，可以在"平等"社会主义核心价值观的培育中，拓展"公平"人格特质的内涵。

2.用"敬业""友善"和"诚信"核心价值观为领导力培养注入动力

"领导力使人能够有效组织群体活动，营造群体成员之间的良好关系，确保群体完成任务。"[①]根据积极心理学的观点，要实现领导力的培养，需要有三个要素，首先是有效组织活动，这是基础；其次是群体成员关系良好，这是保障；最后是实现完成群体任务，这是目标。敬业核心价值观可以融入领导者组织能力的培养，友善核心价值观可以融入良好关系的构建，而领导者诚信核心价值观的践行对于目标任务的完成也有促进作用。领导力是21世纪人才培养中的重要能力，是高校学生成长

---

① 卡尔.积极心理学（第二版）[M].丁丹，译.北京：中国轻工业出版社，2015：70.

过程中积极人格培养的重要内容，可以用社会主义"敬业""友善"和"诚信"核心价值观为他们的领导力培养注入动力。

3. 在培育个人层面社会主义核心价值取向中促进团队合作

团队合作在积极心理学中的意思是"作为团队的一员，高效地工作"。这里比较明显的是强调个体在小范围的团队中的作用。用"敬业"社会主义核心价值观引导团队合作能力的培养，可以让个体增强克服困难的勇气和韧性，不仅高效地工作，还能够创造性地工作。用"友善"社会主义核心价值观引导团队合作能力的培养，不仅是心怀感恩地做好自己分内的事，还能协助团队成员一起为目标努力，实现"1+1>2"的叠加效应。更为重要的是用"爱国"社会主义核心价值观引导团队合作能力的培养，可以让学生明白个人价值的实现要以社会价值的实现为前提，明白个人的奋斗与国家富强的关系，从而为最强大的团队——国家而努力奋斗。高校学生对爱国核心价值观的学习，不仅有助于增强他们强烈的社会责任感和使命感，还有助于培养他们积极向上的人生态度。

（五）社会主义核心价值观融入开放的学习态度

积极人格的认知维度是智慧和知识，包含对知识的习得和使用等方面。这其中有批判思维、热爱学习和富有智慧等内容。社会主义"爱国"核心价值观包含了对中华优秀传统文化的热爱。我国传统文化中有"天行健，君子以自强不息"（《易传·象传上·乾》）奋斗精神的传承，有"苟日新，日日新，又日新"（《大学·第三章》）的学习习惯的要求，还有"温故而知新"（《论语·为政》）的学习方法的凝练。这些精神、理念和方法都有助于新时代的高校学生"主动或正式地掌握新技能、新话题以及各种知识"[①]，为他们增强创造力、考虑用新颖的和多产的方法去概括事物、做事情奠定基础。同时，社会主义"友善"核心价值观，有利于他们在富有智慧的同时，能够与他人友好合作，用学到的文化知识为别人提供明智的咨询，具有对自身和对他人有效的看待世界的方法。

---

① 卡尔.积极心理学（第二版）[M].丁丹，译.北京：中国轻工业出版社，2015：260.

（六）社会主义核心价值观融入卓越的人格力量

卓越发展力量包含的性格优势是欣赏、感恩、希望、幽默和虔诚。这些优势让人超然于小我，把心灵与宇宙相连，在生活当中制造意义。[①] 其中特别需要注意的是虔诚中的信仰主要是指信仰宗教。如果我们在高校学生人格培养中照搬照抄西方的人格理论，显然违反我国有关宗教法规和政策，也不符合我国的国情，不利于学生的健康成长。这就需要我们用社会主义核心价值观进行引领和超越。

1.用《道德经》阐释对美和美德的欣赏

中华民族对美德的关注，延续了5 000年。《道德经》包含宽容的美德，"上德若谷"（德经·第四十一章）就是指有道德的人从不计较个人得失，就如同空谷一般可以涵盖、包容一切，同时指出"（圣人）夫唯不争，故天下莫能与之争"（德经·第二十二章）。《道德经》蕴含谦卑的美德，"上善若水""江海之所以能为百谷之王者，以其善下之，故能为百谷王。"新时代的高校学生同样需要谦卑的美德。儒家倡导的"修齐治平"，也是一种心怀天下积极作为的大德。其实，社会主义核心价值观中的"爱国、敬业、诚信、友善"都是个人的美德，也是心理健康教育在"立德树人"过程中需要确立的重要之"德"。一旦高校学生能够理解中华优秀传统文化的美德基因和当代社会的美德规范，他们也就更加容易做到积极人格中关注和欣赏来自生活各方面的美好与卓越。

2.用社会主义"友善"核心价值观阐释感恩

崇尚友善的中国人，都有着深厚的感恩文化基因。脍炙人口的《诗经》中就有"投我以木桃，报之以琼瑶"。流传千古的《左传》中有"结草衔环"的记载，比喻感恩戴德，至死不忘。不仅有一般意义上的感恩，还有具体的感恩情怀表达。至今被吟咏的《游子吟》中"谁言寸草心，报得三春晖"，用小草微薄的心意难以报答如春日暖阳的深情，比喻父母的恩情深重，要永生感恩铭记。传统文化中的"友善"对高校学生依然有重要的时代意义。不仅如此，有研究者指出："对于弘扬和培育友善

---

① 卡尔.积极心理学（第二版）[M].丁丹，译.北京：中国轻工业出版社，2015：72.

的价值观而言，当前应当特别重视引导人们正确处理好个人与社会、竞争与合作、经济效益与社会效益、贡献与索取、先富与共富等关系，倡导以尊重、包容、助人、负责为主要内容的友爱观……，坚决反对拜金主义、享乐主义和极端个人主义等错误人生观……"。因此，新时代高校学生的感恩不仅包含对父母感恩、对他人感恩还有对为今天的幸福生活牺牲生命的革命先烈的感恩以及对带领我们走上中国特色社会主义道路的中国共产党的感恩。感恩不仅是感怀于心，更要体现在日常生活中对他人的帮助，体现在对为中华民族伟大复兴接续奋斗的责任担当上。这样不但十分充盈地诠释了"意识到并感激所发生的美好事情，从容地表达感谢"的丰富内涵，而且实现了超越。

3. 用社会主义"爱国"核心价值观灌注希望

积极人格中的希望包含"乐观、关注未来、有远见"等内容。一方面，高校学生需要培养个人的乐观品质，用关注个人未来发展的、有远见的行动积极追逐青春梦和人生梦。另一方面，高校学生要立意高远，明确自身定位，高校学生终将是中国特色社会主义合格建设者和接班人。只有在"两个一百年"的伟大征程中做参与者、奋斗者，才能够"向未来最好处着想，并且去实现它，相信未来一切都会好起来"。这才是自我实现中最大的希望。而社会主义核心价值观的国家、社会和个人三个层面，既是立足中国社会现实的需要为打造中国梦提供精神动力，也是为中华民族"强起来"的未来发展奠定基础，是对美好希望的构建。从这个意义上讲，认同和践行社会主义爱国核心价值观，就是在培养希望的人格特质。

4. 在天人合一中领悟虔诚

我国传统文化中的"天人合一"思想深得古今中外哲人以及心理学家的青睐。"人法地，地法天，天法道，道法自然。"（《老子·道经·第二十五章》）强调宇宙自然是大天地，人则是一个小天地。人和自然在本质上是相通的，故一切人事均应顺乎自然规律，达到人与自然和谐，这其实超越了积极人格中提出的"对宇宙的更高目标和意义具有一致的信念"。同时，社会主义核心价值观继承了优秀传统文化，也是马克思主义中国化的重要成果，其为凝聚 14 亿中国人朝着中国特色社会主义共同理想接续奋斗提供精神动力，并为构建人类命运共同体提供重要支持。因此，社会主义核心价值观也必然会引领着高校学生"知道在更大的时空内自己适合的位置"，这也是一种将小我融入中华民族伟大复兴的伟大征程中的"天人合一"。

社会主义核心价值观是有机统一的整体，将个人价值的自我实现融入为社会进步、国家发展的高远目标之中。将社会主义核心价值观融入积极人格的培养过程中，是对当下积极人格理论和心理健康教育内容的超越和引领。

三、融入积极人格塑造的价值

社会主义核心价值观融入积极人格塑造，有助于丰富人格理论，发掘人格优势，融洽自我关系，培育优质人际关系，增强福乐体验，提高个人精神品质。

（一）社会主义核心价值观融入丰富了人格理论

人格的发展是受社会文化和历史制约的，目前高校心理健康教育理论很多来自西方。当今西方人格心理学不是普适的人格心理学，其核心是强调个人的独特性。有学者指出："西方文化尤其是美国文化，是一种典型的个体主义文化，过分重视人个性的解放，把个体的自由强调到不恰当的位置，使本我急剧膨胀起来，因此，人格动力更多强调本我的作用。"[1]"中华文化注重个人所肩负的社会义务、历史责任和道德价值，强调个人要正确处理与他人、与集体、与社会、与自然界的关系，而不是个人的独特性。"[2]这正是中国人格自己的特殊性，因此，"中国人的人格动力是把个人的发展与群体的发展结合在于一起的，在社会、民族、国

---

[1]　李祚山 . 试论人格研究的中国化 [J]. 重庆师范大学学报（社会科学版），2005（1）：103-108.

[2]　黄希庭 . 人格研究中国化之我见 [J]. 心理科学，2017，40(6)：1518.

家的发展中实现自我的价值……"[1]。正是基于这种情况，才要大力倡导社会主义核心价值观融入人格塑造，丰富人格理论，在心理健康教育中帮助学生塑造正确的价值观。"有了正确的价值观，人们就可以更好地完善自己的人格，发展自己的潜能，为社会做出更大的贡献……在人生的征途中，价值观是人生成败与幸福的决定性因素。"[2]

（二）社会主义核心价值观融入发掘人格优势

社会主义核心价值观的融入，可以让高校学生正确看待自己，不妄自尊大，也不妄自菲薄；能够摒弃功利和世俗的异化追求，而追求真正的精神满足和崇高的信仰，形成人格优势的内在动力；在真善美的追求中历练个人体验和感受，在参与中国特色社会主义的实践中不断发掘自身的特长，将时代发展带来的优势转化为有利于个人人格发展的动能。

（三）社会主义核心价值观融入融洽自我关系

社会主义核心价值观融入有助于高校学生个体心理和谐发展。有助于让学生明确真实需要从而激发内在动机，拓展广泛的兴趣爱好，对接古今中外的智慧，培养全面发展的才能，确立符合时代发展大势的正确人生观和价值观，树立具有人类命运共同体视野的崇高理想信念，养成健康向上的性格气质。社会主义核心价值观有助于帮助他们正确认识、评价自己的所作所为是否符合客观需求，是否符合社会道德准则，能及时调整自己与外部世界的关系，实现内心协调一致、言行统一，经常有沉浸体验，融洽自我关系。

（四）社会主义核心价值观融入有助于培育优质人际关系

社会主义核心价值观的诚信、友善等内容有助于高校学生在人际交往中既显示出个体的自尊，也体现出对他人的尊重；既有助于他们能深度理解他人又容易赢得他人的信任；既富有适当的共情又有人道精神。因此，社会主义核心价值观不仅帮助高校学生建立和谐的人际关系，还能帮助高校学生优化人际关系，发展真诚而持久的友谊，培育优质人际关系。

---

[1] 黄希庭.再谈人格研究的中国化[J].西南师范大学学报（人文社会科学版），2004（6）：5.

[2] 黄希庭.人格研究中国化之我见[J].心理科学，2017，40（6）：1521.

（五）社会主义核心价值观融入增强学习生活中的福乐体验

社会主义"敬业"核心价值观有助于高校学生把自己的智慧和能力有效地运用到获取知识和智慧的学习上。由于得到了社会主义"爱国"核心价值观的引导，高校学生能自觉地将个人的追求和国家的发展甚至人类的进步对接，他们在学习、工作中能被强烈的创造动机和热情所推动。由于社会主义"敬业"核心价值观的影响，他们在学习和工作中往往富于创造、勇于开拓。这些成功的经历和体验又为他们带来满足和愉悦，并形成新的兴趣和动机，使他们的生活满意度更高，自我效能感和主观幸福感更强，增强学习生活中的福乐体验。

（六）社会主义核心价值观融入有助于提高个人精神品质

积极人格品质中频次最高的是价值观和道德规范。[①]社会主义核心价值观是在马克思主义理论指导下，汲取中西文化精华，立足中国社会发展形成的体现中国广大人民群众最大公约数的价值观。社会主义核心价值观的融入，可以让高校学生在增强心理素质的同时，拥有正确的价值观和良好的道德，进而更好地提升个人的精神品质。同时，我国优秀传统文化中"天人合一"理念的融入，可以让高校学生更加注重身心和谐，社会和谐以及人与自然和谐，具有精神生活的超然性。

第二节　社会主义核心价值观融入心理压力管理

压力是影响身心健康的重要因素。压力过度会损害人的身心健康，适度的压力则有利于提高身心反应能力和心理韧性。社会主义核心价值观融入高校心理健康教育中的压力管理，主要是结合高校学生的具体压力源，引导他们正确认识压力，减少压力，积极运用压力，实现科学管理压力。

---

① 孟万金.积极心理健康教育[M].北京：中国轻工业出版社，2008：252.

一、高校学生管理心理压力的含义

（一）压力的定义

心理健康教育中的压力是对应激现象的一种通俗的称谓，压力是"一个人在觉察到或认识到自己正面对着至关重要而又难以应对的环境要求时产生的一种倾向于通过各式各样的心理和生理反应而表现出来的身心紧张状态"。[①]压力是一个过程，包括引起压力的环境刺激、身心反应状态以及情境。其中，情境包括自然环境和社会环境。心理学研究表明，个人可以通过认知、情绪和行为的策略来改变刺激物带来的影响。由于个人应对压力的能力不同，以及对事件的解释和应对方式不同，同样的事件让每个人感受到的压力状态和程度会有所不同。

（二）压力的相关概念

压力源的分类。心理学家将破坏人的身心平衡状态的环境刺激物称为压力源。常见的压力源有四类：躯体性压力源、社会性压力源、文化性压力源和心理性压力源。躯体性压力源是指作用于人的身体，直接产生刺激作用的刺激物；社会性压力源是指那些造成人生活风格上的变化并要求对其适应和应对的社会生活情境和事件，文化性压力源主要是指要求人们适用和应对的生活的文化方面；心理性压力源主要是指个体内心冲突以及焦虑、抑郁等症状而带来的压力。"上述社会性、文化性和心理性应激源在性质上均属于心理社会性质的刺激物，因此也可合称为心理社会性压力源。"[②]有研究表明，"使大学生们体验到压力的压力源主要有社会、家庭、学习、就业、人际关系、生活、恋爱关系、身体等八个方面。"[③]根据压力源理论，高校学生的压力源以社会性压力源、文化性压力源和心理性压力源居多。

压力产生的心理机制。压力的产生，除了压力源还与心理机制有关。

[①] 梁宝勇.精神压力、应对与健康：应激与应对的临床心理学研究[M].北京：教育科学出版社，2006：11.

[②] 沈德立.大学生心理健康[M].北京：高等教育出版社，2014：283.

[③] 杨心德，等.大学生日常生活事件压力指数的研究[J].心理科学，2005(6)：1404.

压力是人和环境相互作用的结果，它表现为人类身体的感受，而实际上是认知过程的产物。一般而言，当个体有需求但却没有满足需求的策略时，压力就产生了。但在压力反应及其应对中，其他因素都是以认知评价为转移的。在压力产生的过程中，如何应对、如何使应对有效，在很大程度上依赖于如何看待事件、如何选择应对策略以及原来具有何种应对技巧。在压力管理的过程中，评价和应对这两个认知过程很重要：评价指个体为压力源赋予一个意义并判断其价值；应对是指处理压力方式的行为或认知过程。

压力管理的常用方法。管理压力既包括减轻压力策略，也包括目标激励提高应对状态的策略。"一般倾向于把应对的方式归类为'问题为中心（problem focused）、情绪为中心（emotion focused）和回避（avoidance oriented）'三种类别。"[①]

二、融入高校学生心理压力管理的意义

压力应对具有文化属性。"在西方价值中，有一种强烈的文化倾向，就是更认同、尊崇问题为中心的应对而不是情绪为中心的应对。"[②]社会主义核心价值观植根于中华优秀传统文化，将其融入压力管理，可以帮助减少压力源，正确看待压力，拓展抗压系统。

（一）社会主义核心价值观的融入减少压力源

社会主义核心价值观中蕴含着的儒家文化思想转变了西方理论中关于压力的观念，既不回避压力，也不仅是处理情绪，而是乐观地直面问题。直面压力最好的方法是对当事人感到痛苦的事情进行分析，找出导致压力的因素，然后找出解决问题之道，最后尝试改变。当然着眼于问题的应对策略适用于中度压力的情况，特别是当事人认为压力源可以改变的时候。而儒家强调的不仅是直面问题，还能从压力事件中找到自我成长和发展的机会，激发自身的潜能。这样就有利于高校学生将原来的

① Lazarus R.Toward better research on stress and coping[J]. American Psychologist , 2000, 55(6): 665-673.

② Lazarus RS. Coping theory and research: past, present, andfuture[J]. Psychosomatic Medicine, 1993, 55(3): 234-247.

压力事件和因素转化为成长的动力，减少了压力源；有利于他们更好地采取应对策略，实现自我发展。

（二）社会主义核心价值观的融入帮助正确看待压力

压力本质上来自于人们的想法、观念，或者说世界观和价值观。社会主义核心价值观中的优秀传统文化因素，有助于高校学生在面临挫折困难带来的压力时，发现新的可能性，可以变悲观为乐观，更好地调整个人期待和抱负水平，培养坚韧的人格品质，从根本上改变对压力源的态度和认识评价，进而有助于科学管理压力。

（三）社会主义核心价值观的融入拓展抗压系统

社会主义核心价值观的融入，让高校学生能够更好地面对自己的压力，同时可以通过诚信友善地与人交往，巩固来自家庭的既有支持，能够更好地向家人寻求精神归属；为争取来自同辈群体和学校教师的帮助提供可能性，有利于他们向朋友、同学寻求感情支持，使得他们乐于向导师、长辈寻求人生智慧。同时他们对自身压力应对能力和状态的诚实评估也更加有利于他们及时向专业人员寻求帮助。

因此，社会主义核心价值观融入科学管理压力，可以优化对压力的认知，解决相关的问题减少压力源，顶着压力激发自己的潜能，与压力和谐共处。

第三节　社会主义核心价值观融入生涯规划管理

职业生涯规划在 20 世纪初叶起源于美国，到 20 世纪 80 年代已成为现代学校教育尤其是心理健康教育的重要内容。社会主义核心价值观融入高校学生生涯规划管理是通过融入对自我的了解、对职业需求的理解以及综合个人发展与社会需求的抉择来实现的。

一、心理健康教育中生涯规划管理的相关内容

生涯规划是一个生命意义实践的历程，其核心理念是给人一个希望，一个珍惜过去、立足现在、憧憬未来的愿望。

（一）心理健康教育中生涯规划的含义

关于生涯规划的定义有很多种，代表性的有美国斯温（Swain）教授提出的生涯规划三维模式："一个规范的生涯规划，应该包括个人特质的澄清与了解、教育与职业资料的提供和个人与环境关系的协调三个重要因素。"[①]还有研究者认为："职业生涯规划指的是一个人对其一生中所承担职务相继历程的预期和计划，包括一个人的学习，对一项职业或组织的生产性贡献和最终退休。"[②]

经过不断发展，生涯规划的内容不断丰富、理论多元。代表性的有如下几个：强调将人生历程视为一个阶段转换至另一个阶段的发展历程论，着重于心理需求与特质对职业选择影响的个人特质论，强调分析职业抉择历程中的元素与步骤的决策历程论，强调社会环境和学习经验对职业生涯行为的影响社会学习论，强调探讨自我概念的发展、职业印象、结构考虑、性别角色、社会地位与个人特质等因素的职业发展论，强调职业生涯选择是自我概念和环境中学习经验交互作用结果的社会认知职业生涯理论。

职业生涯规划主要包括三个方面：知己——个体明确和形成自身个性优势，知彼——了解和熟悉社会需求和职业环境，抉择——结合自身优势和社会需求选择生涯事件，承担生涯角色，最终完成自我实现的过程。

（二）价值观对生涯规划与管理的影响

斯坦福大学的学者克朗伯兹认为，生涯信念是建立在个人"自我观察的推论"和"世界观的推论"基础之上。为此，他还提出了阻碍生涯

---

① 邱美华，董华欣.生涯发展与辅导 [M].北京：心理出版社，1997：217.

② 王泽兵，孙加秀，盛锦.大学生职业生涯规划的困境与出路 [J].中国青年研究，2007（2）：17.

信念的七个不合理的信念："错误的推论、单一标准的比较、对不好结果的夸大情绪、因果倒置，固执己见、因小失大，自欺欺人。"[①]我国学者纪宪燕也提出了影响生涯决定的六大信念："工作本身有无价值（相信工作本身极有价值或者仅仅是达成其他目标的手段）、工作选择是否有弹性、相信自己还是依赖别人、自我价值的评价标准、决定历程以及个人是顺从社会价值观还是不受限制等。"[②]职业生涯信念对职业生涯既有增强和促进作用，也有减弱与阻碍作用。职业生涯信念是个人基于各种经验形成的关于自我、职业、自我与职业的关系，以及职业探索、选择、决定于规划等发展过程中在一段时期内所持有的各种深信不疑的想法和推论。它对职业生涯既有增强和促进作用，也有减弱与阻碍作用。[③]从国内外学者的观点中不难看出，职业生涯信念对生涯规划与管理有重要影响。而职业生涯信念主要受到价值观的影响，因此，价值观对生涯规划具有全面和深远的影响。社会主义核心价值观融入职业生涯规划，有助于职业生涯规划的实现。

二、融入生涯规划的实施和管理

社会主义核心价值观的融入，主要是融入学生知己——个人特质的澄清与了解，知彼——融入对职场信息收集和准备，抉择——融入个人需求与环境发展的协调。

（一）社会主义核心价值观融入"知己"——对个人特质的澄清与了解

一个有效的职业生涯规划，必须以正确认识自身特质与外部需求为基础和前提。对自我及环境的了解越透彻，越能做好职业生涯规划。其中，了解自己是职业选择或生涯规划的基本要求。清楚地描绘出自我的发

---

① KrumBoltz, J.D.The career beliefs inventory. Journal of Counseling and Development, 1994, 72: 424-428.

② 纪宪燕，金树人，林幸台.职业生涯信念检核表 [M].台北：测验出版社，2003：57.

③ 彭永新，郑日昌.职业生涯信念内涵、作用及其影响因素的研究进展 [J].教学研究与实验，2007（6）：57.

展需求，知道自己的优缺点，有助于在做生涯决定时，获得对自我发展有利的选择筹码。部分高校学生由于不了解自己的能力、兴趣、人格特质、心理需要以及价值观等，进而对真实自我缺乏了解，对专业的了解不够深入，对学习需求缺乏内生动力，影响了职业生涯规划的制定和执行。

"如果人们没有真正了解自己的实际需要，就往往会以暂时的某种满足损害长远的、根本的利益。"①"诚信"核心价值观融入学生对自我的分析环节，有助于他们了解自己的真实需要，客观分析自己的优势和短板，不会因此产生焦虑与不安的情绪；而是能够依照自己的兴趣与能力等个性特质，尽最大努力培养积极的态度，发展自己的特长，并据此完成职业规划。社会主义友善核心价值观让高校学生接纳真实的自己，增加对自我的深度了解，明确职业生涯目标的确立，更好地发展自己。

（二）社会主义核心价值观融入知彼——对职场信息收集和准备

根据社会认知职业生涯发展理论，如果缺乏对职业世界的了解，很难做好职业选择。目前，部分高校学生对自己所学的各个专业科目之间缺乏整合的概念，而且对专业理论也缺乏应用方面的了解，部分学生处于只见树木不见森林的状态。加上部分学生对专业知识的活学活用不足，对一般的就业机会、就业环节和未来的就业趋势了解不多，缺乏相关职场的信息，从而对未来发展感到无所适从。因此，有的高校学生往往认为选择最热门的职业就意味着最有前途。事实上，职业选择最重要的是能正确地分析自己，找到最适合自己做的行业和工作，然后发扬敬业精神，努力成为本行业的佼佼者。

社会主义核心价值观在国家和社会层面的倡导，是对当下和未来中国社会发展前景的描述，也是对国家和社会发展需求的表达。富强、民主、文明、和谐的国家是建立在相应产业、行业和职业支撑的基础上的。对于高校学生而言，投入让中华民族富强起来的行业从事相关工作，既与人工智能、物联网等高科技产业以及绿色生态产业相关，也与增强理论自信和文化自信的哲学社会科学密切相关，这为高校学生选择朝阳职

---

① 杨耕.关于马克思价值理论的再思考[J].江汉论坛，2018（11）：16.

业提供了方向，他们可以结合自己的学科和专业基础进行学历提升和技能培训的准备。高校学生要通过对自己以往的经历及经验的分析，找出自己的专业特长与兴趣点，设计出既能凸显自己的优势、符合自己需求，又能满足社会发展需要的职业生涯发展路径，更好实现生涯规划。

（三）社会主义核心价值观融入抉择——融入个人需求与社会发展的协调

职业生涯规划中谈到的环境因素的影响，主要是指社会文化以及机会因素。如果高校学生在生涯规划中能够增强生涯规划的意识，学会弹性地看待环境，考虑到职业选择所带来的生活方式和社会担当，考虑到工作与生活的平衡，则会提早为未来做好相应的准备。反之，则会由于眼高手低，没有考虑经济社会发展环境的实际情况，容易导致过度理想化；或者因为害怕失败的痛苦和失落而徘徊不前；或者因为缺乏尝试和冒险的勇气而错过发展机会，碌碌无为。这几种情况都不利于高校学生个人价值的实现，也不利于社会的发展。高校学生理想状态的达成，需要社会主义核心价值观的引导。

社会主义核心价值观具有社会定向功能，"社会主义核心价值观通过设立社会价值理想，为价值主体提供一种超越于现实的生活目标和价值理想，使之逐步摆脱物欲层面的蝇营狗苟，把自己的价值追求融入社会价值理想之中，进而在实现社会价值理想的同时实现自己的人生价值理想，获得对自己行为合理性的自信心、使命感、荣誉感和神圣感，避免由于心情失落而产生各种焦虑和恐慌，找到'精神安宁'的家园"。①

社会主义核心价值观融入个人与社会关系的协调。社会主义爱国核心价值观融入职业选择，使学生正确看待自己的职业发展和社会需求的关系，科学理性地思考自己的职业定向和生涯信念。首先，中国特色社会主义的发展可以为个人发展提供条件，每个人的自由和发展是社会发展的前提和目标。同时，爱国的学生会把自己培养成社会主义的建设者

---

① 阮青.积极培育和弘扬社会主义核心价值观[EB/OL].http://theory.people.com.cn/n1/2017/0710/c40531-29393057.html.

和接班人，主动用个人聪明才智的发挥为促进社会发展进步，促进中国特色社会主义前进注入动力。正是个人发展与社会发展的相互促进，最终达到社会的整体和谐和个人创造自己的价值：对社会的贡献、对他人的帮助、对自我的满足。其次是国家层面和社会层面社会主义核心价值观的融入为高校学生社会性发展提供教育内容，包括发展学生的责任感、义务感、荣誉感、友谊感、奉献感、竞争和合作意识等，让高校学生在为社会奉献，为人类造福中确立个人自我实现、自我完善的根本途径。最后是敬业核心价值观融入职业生涯执行，让高校学生不断调整自己的职业期待，关注社会需求的变化，进而在动态平衡中不断螺旋前进，实现自我价值，促进社会发展，助力国家富强。

"马克思主义以人类解放和每个人的自由全面发展为终极关怀和崇高理想，具有深厚的大爱情怀。"[1]正如马克思所说，"如果我们选择了最能为人类福利而劳动的职业，那么，重担就不能把我们压倒，因为这是为大家而献身；那时我们所感到的就不是可怜的、有限的、自私的乐趣，我们的幸福将属于千百万人，我们的事业将默默地、但是永恒发挥作用地存在下去，而面对我们的骨灰，高尚的人们将洒下热泪。"[2]在实现社会价值的过程中，个体的自我价值也得到了升华和实现，"人们只有为同时代人的完美、为他们的幸福而工作，才能使自己也达到完美。"[3]

三、融入职业生涯规划管理的意义

社会主义核心价值观融入职业生涯规划具有积极的作用，主要体现在增加高校学生对生涯规划中自我了解的深度，拓展大学生对社会环境了解的广度，增强大学生生涯执行的力度。

---

[1] 朱书刚.新时代友善的价值内涵与实现路径[J].学习与实践，2019（2）：42.

[2] 中共中央马克思恩格斯列宁斯大林著作编译局.马克思恩格斯全集：第40卷[M].人民出版社，1982：7.

[3] 中共中央马克思恩格斯列宁斯大林著作编译局.马克思恩格斯全集：第40卷[M].人民出版社，1982：7.

（一）增加高校学生对生涯规划中自我了解的深度

一滴水只有融入大海，才能持久地焕发耀眼的光芒。社会主义核心价值观融入高校学生职业生涯规划，有利于他们将小我融入国家发展社会进步的大我中，让大学生看到自己的智慧和才华可以在中华民族延续五千年的历史长河中体现出独特的价值，在民族复兴大任的大我担当中实现自己的人生追求，极大地拓展对自我的了解深度，激发高校学生自我实现的需要，培养积极上进的人生观，树立明确而高尚的职业目标和职业理想，从而促进自我潜能的充分开发，增强自我效能感。而个体的职业决策自我效能感较强，则会积极进行职业生涯规划。①

（二）拓展高校学生对社会环境了解的广度

虽然高校学生的职业发展首先是解决工作的问题，但同时也要继续实现社会化发展。尤其是社会层面个人的社会性、作为公民的美德、利他行为、对待别人的宽容和职业道德、社会责任感、成为一个健康的家庭成员等。社会主义核心价值观涉及个人、家庭和社会诸多方面，为个人在这些方面提供参考和准绳，进而让个体在更广泛的社会环境中实现职业发展。与此同时，由于个人的职业发展主要是集中于某个行业，而行业的发展必然与市场的需求和社会的需要紧密相连，社会主义核心价值的融入，让大学生在职业选择之初就树立全球视野，甚至建立人类命运共同体的担当，对社会环境的了解有更大的广度，有利于职业的持续健康成长。

（三）增强高校学生生涯规划执行的力度

高校学生生涯执行能力首先是根据具体清楚的目标，制订行动计划的能力。这里的行动计划的制订，需要对自身和环境的全面把握，把握越准确越全面，计划才能越有操作性和指导性。社会主义核心价值观的融入有助于为计划的制订提供宏观的视野和丰富的环境，从而提高制定计划的执行度。其次是提高执行相应行为的能力。社会主义核心价值观

---

① 胡艳华，井影，曹雪梅，等.大学生职业决策自我效能感与就业力的关系：职业生涯规划的中介作用 [J].教育理论与实践，2019，39（12）：40.

可以帮助高校学生在生涯发展的探索期尝试适合自己的职业角色，认识不同的职业，调整适当的职业期望，并引导大学生根据自身的需要、能力、价值、就业机会进行实验性的尝试，从而为明确职业方向、做出职业选择提供指导，增强高校学生在就业中的核心竞争力。最后是提高未来发展的能力。一般而言，未来发展的能力，包括为了达到目标要获得的能力和知识，以及需要采取的实际方法、培训内容和完成时限，其中最为重要的是对工作价值感的体验以及如何克服自身不足进行职业能力的升级。社会主义"爱国"核心价值观既是高校学生当下价值选择的依据，也是他们未来社会发展的行动指南，社会主义"敬业"核心价值观不仅可以满足他们当下能力发展的需要，也能够为他们未来职业发展奠定基础。

第四节　社会主义核心价值观融入优化学习心理

社会主义核心价值观融入优化学习心理主要是通过社会主义"爱国"核心价值观融入学习观念，"诚信"核心价值观融入学习动机，"敬业"核心价值观融入学习潜能挖掘来实现的。

一、高校学生学习心理的相关内容

学习是高校学生的主要实践活动，也是高校学生成长成才的核心环节，高校学生学习心理具有自己的特点。

（一）高校学生学习心理的定义

学习心理是指学生在学习过程中形成的各种心理现象及规律，主要包括学习观念、学习动机、学习策略以及常见的学习心理问题等内容。林崇德先生提出，学生在学习上的"敬业"表现在6个方面："成为学习的主体；从学习中获得满足感；从学习中增进体脑发展；在学习中保持与现实环境的接触；在学习中排除不必要的忧惧；形成良好的学习习惯。"[①]

（二）高校学生学习心理的特点

高校学生的学习心理与高中阶段有很多的不同，整体而言，在学习心理方面应具备以下特点。

1. 自主性强

大学阶段学生的学习自主性相应增强，主要表现为学习意识趋于成熟，学习动机不断深化。进入高校之后，如果学生想在某一领域有所探索开拓，想为社会做贡献，则其富有社会意义的动力因素增强。同时，需要广泛吸取各领域知识，提高自身综合素质，锻炼自身能力的动机更加凸显。

2. 探索性高

高校学生学习主要是在掌握知识的基础上探究知识的形成过程，掌握科学的研究方法，了解学科专业的发展前沿。这要求学生学会独立自主获取知识，培育自我管理能力、自我探索能力，增强自身的学习批判性，逐渐学会以批判的态度对待知识。

3. 多元性广

高校学生学习的多元性，首先是知识储备的多元性，即高校学生在专业学习的基础上，拓展学习领域和学习范围，不断丰富调整自己的知识结构与综合素质。其次是学习范畴的多元性，即学习途径的多元性，不仅要学习课堂知识，还要学会在图书馆、互联网和社会实践中进行学习。再次是学习内容的多元性，不仅有自然科学，还有社会科学、人文科学等综合知识。最后是学习渠道多元性，不仅要向教师学习，还要向相关领域的专家学习，更要向朋辈学习。

（三）高校学生学习心理存在的主要问题

第一，学习时间精力投入不足。有研究表明，"相对于高中阶段，很多学生进入大学后学习积极性显著下降。"[②]进一步的研究发现，"当前多

[①] 林崇德. 积极而科学地开展心理健康教育 [J]. 北京师范大学学报（社会科学版），2003（1）：31-36.

[②] 陈业玮，徐萍平. 提升商学院大学生的学习投入探究：基于专业承诺的学习心理视角 [J]. 中国高教研究，2013(9)：94-98.

数大学生投入学习中的时间和精力普通不足"[①]。在一项关于大学生逃课的研究中得到的数据尤其值得引起重视："我国高校大学生专业课逃课率约20％，基础课的逃课率约25％，而公共课的逃课率高达50％，在逃课的态度上约66％的同学认为不影响学习就行，在大学期间从来没有逃过课的学生几乎为零。"[②]逃课数据反映了部分学生在学习上的时间和精力投入不足。

第二，学习内在动机有待加强。有研究对我国高校学生的学习动机做过基本的分类："'改换门庭'型、'报恩'型、'功名利禄'型、'明道救世'型，都是以维持和改变自身的生存地位为主要目的。"[③]学习动机不足也表现在学习目的指向上存在偏差。学习目的需要更加凸显高校学生自主和满足社会的需要。学习目的可以分为指向自我、指向社会和指向他人三类。有研究指出高校学生"有的是为了报答父母的养育之恩，有的是为了不输给别人而拼命苦读，有的是为了不辜负教师的期望等"。[④]

第三，学习能力有待提高。有研究指出，"学习力是一种促进学习意愿与学习结果相互作用的能量。"[⑤]也有学者从整体上强调"学习力是性格、生活经验、社会关系、价值观、态度和信念相互凝聚形成的一种素"[⑥]，一项针对1 501名本科生的研究数据表明，"大学生学习力总分随着年级升高呈下降趋势，互动学习水平最低，大一、大二年级学习力水

---

① 安晓镜、杨未艳.地方高校大学生专业承诺与学习投入的相关研究：以 XX 学院为例[J].大学教育，2018(2)：147-149.

② 沈丹等.积极心理学视角下学习倦怠大学生的健康发展路径探析［J］.中国健康教育，2019(8)：765.

③ 郝贵生.大学生学习理论与方法[M].北京：人民出版社，2015：116.

④ 刘一鸣.中美大学生学习能力比较及培养途径[J].教育理论与实践，2016（36）：63.

⑤ 沈书生，杨欢.构建学习力：教育技术实践新视角[J].电化教育研究，2009(6)：13-16.

⑥ Ruth Deakin Crick, Patricia Broadfoot, Guy Claxton. Developing an Effective Lifelong Learning Inventory: the EL-LI Project［J］. Assessment in Education Principles Policy & Practice, 2004(3): 247-272.

平较高，大四年级最低，形成大四'低谷'。"①

上述分析显示，我国高校学生在学习观念、学习动机和学习能力方面都需要进一步提升。

二、融入优化学习心理的重要环节

社会主义核心价值观融入高校学生心理，主要是"爱国"核心价值观融入学习观念，"诚信"核心价值观融入学习动机，"敬业"核心价值观融入学习潜能激发。

（一）"爱国"核心价值观融入学习观念

社会主义核心价值观融入学习目的的确立和学习观念的优化。学习是人对世界的看法，是一种人生乐趣，学习可以使人增长见识，对事物进行深入的了解，还可以运用自己的所学做出各种成绩。社会主义"爱国"核心价值观引领高校学生深化学习观念，让他们知道我们中华民族自古以来就热爱学习，不乏好学乐学的典范；同时，学习不仅可以让他们自己获得最大的满足和快乐，还将作为社会主义建设者和接班人来全面发展，让自己的一生有深远的意义。只有在高校期间投入专注地学习，并在走上工作岗位之后持续不断地学习，与时俱进地提高自己，才能确保当自己终将接过中华民族伟大复兴梦想的接力棒时，能将学习到的知识和个人才能投入美好生活和美丽中国的建设中。同时，引导他们意识到，只有将自己的青春和智慧化作涓涓细流，汇聚到为人民幸福和民族复兴的磅礴力量中，才是对自己的超越和真正的成功。

（二）"诚信"核心价值观融入学习动机

"当代大学生在学习动机上，应在考虑个人利益与前途的基础上，积极将自身的学习同国家的命运联系在一起，将自我价值的实现与中华民族伟大复兴紧密联系在一起。"②社会主义核心价值观融入会修正梦想，强化学习动机。社会主义"诚信"核心价值观有助于高校学生真实地面对

---

① 龙永红，聂邦军，贝静雯．大学生学习力及其对学习收获的影响研究 [J]．黑龙江高教研究，2019，37(1)：96-100．

② 李永菊．大学生学习价值观培育策略探析 [J]．学校党建与思想教育，2019（23）：79．

自己的需要，明确自己的需要，包括想要过怎样的高校生活以及毕业之后想要怎样的生活，怎样的生活会让他们充满热情而投入其中。同时，社会主义"诚信"核心价值观让高校学生确立的目标，既实事求是，又具有一定的挑战性。社会主义"敬业"核心价值观让学生从努力可以达到的目标开始，脚踏实地地不断地进步，不断提高学习的信心，增强自我效能感。

（三）"敬业"核心价值观融入学习潜能激发

学习潜能开发是高校学生学习心理的重要内容，社会主义核心价值观融入学习潜能开发，主要是融入创造性人格的发展和对问题意识的培养。"核心价值观的驱动功能在于通过价值主体对价值理想的追求，以激发个体价值主体的内在或潜在的各种能力，并使之产生并保持从事价值活动的热情，保证社会充满蓬勃发展的活力。"①社会主义核心价值观融入学习潜能开发主要是有意识地发展创造性人格，更加关注宏观的现实需要。

有意识地发展创造性人格。有研究者提出，创造性人格的特征有不怕挫折、富于创造、待人友善、自我批评。在遇到学习困难是不惧挫折，而是越挫越勇，更加努力发展自己的创新能力具有借鉴。孔子的"不耻下问"也为应对学习的挫折提供了方法。社会主义核心价值观中的"敬业"，蕴含着创新的勇气。"敬业"核心价值观要求高校学生在学习中不仅要学习现有的知识，还要结合实际的需要和实践的需求，积极参与到高校学生的"创新创业训练""挑战杯"和"互联网＋"等活动，积极发挥自己的聪明才智去打破原有观念，甚至原有的行为方式，去尝试和改变，同时在上述活动去面对可能存在的否定和失败。

三、融入高校学生学习心理的意义

社会主义核心价值观的融入可以优化高校学生的学习观念，提升他

---

① 阮青.积极培育和弘扬社会主义核心价值观[EB/OL].http://theory.people.com.cn/n1/2017/0710/c40531-29393057.html.

们的学习动机，开发学习潜能。

（一）社会主义核心价值观的融入优化学习观念

社会主义核心价值观融入大学生学习心理，可以将学生从学习是自我满足、自我成长的局限中释放出来，投入社会发展和民族振兴的宏伟目标之中，拓展学习观念的宽度，进而有利于他们更好地为他们注入学习的动力。同时，优秀传统文化中关于"三人行必有我师"的学习方式、"温故而知新"的学习方法以及颜回陋巷之乐的学习态度则会增加他们学习观念的厚度，更好地面对当下世界的诱惑，坚守内心治学的宁静，更好地进行学习。

（二）社会主义核心价值观的融入提升学习动机

社会主义核心价值观的融入，能够帮助学生辩证地认识经济利益和荣誉奖励等外在的功利主义激励和就业赚钱等短浅目标的利弊，转化为真诚地结合自身兴趣爱好和认同度强的内在目标，能够更为持久地激励高校学生自主地学习。同时，由于建设中国特色社会主义目标的共同性和高远性，相对于不同学生的其他个人追求而言具有超越性，进而会激励他们在学习上能够更加脚踏实地，在一定意义上有助于提升学习成效。

（三）社会主义核心价值观的融入开发学习潜能

社会主义核心价值观的融入，对于培养高校学生创造性人格具有直接的促进作用。尤其是其中不怕挫折、待人友善、自我批评这三点具有深厚的传统文化基础，容易被当代高校学生所了解、理解，从而更加容易接受和认同，有助于他们内化为自身的人格。爱国的社会主义核心价值观有助于引导他们关注社会发展的当下需要，提高解决问题的意识，提升参与社会建设的责任感，从而在参与解决现实问题的过程中提升学习的成效。

第五节　社会主义核心价值观融入构建和谐人际关系

人际关系是高校学生心理健康教育的重要内容，人际关系和谐也是心理健康的重要保证。正如马克思、恩格斯在《德意志意识形态》中指出："一个人的发展取决于和他直接或间接进行交往的其他一切人的发展。"[1]社会主义核心价值观融入构建和谐人际关系，主要是通过融入交往理念、交往技能和交往行为三个方面实现的。

一、高校人际交往的含义和特点

（一）人际关系和谐的含义

积极心理学认为，在人际交往、交谈方面处理得较好的人，会有较高的积极情感体验，较低的消极情感体验，有较高的生活满意度，进而可以有较高的主观幸福感。马斯洛认为，归属的需要是基本的需要，每个人都需要得到他人的爱与尊重，这些是与吃饭穿衣等同等重要的缺失性需要，如果不被满足将使主体丧失安全感，进而影响心理健康。虽然西方文化中的自我是个体意义上的自我，但同样重视个体的社会属性、社会环境的影响和人际关系的协调。我国自古就有重视人际关系和谐的基础和文化传统，马克思更是提出了"人的本质不是单个人所固有的抽象物，在其现实性上，它是一切社会关系的总和"[2]的观点。

（二）高校学生和谐人际关系的特点

人际关系是作为社会主体的人，为了满足自身生存和发展的需要，通过相互交流或互动的社会实践，所形成的彼此间比较稳定的、情感上亲近的人与人之间的关系。人际关系是基本的社会关系。有研究者指出，和谐人际关系具有"社会性、心理主导性和互惠性"[3]的特点。

1.社会性

根据马克思主义的观点，人的本质是社会关系的总和，因此高校学生人际关系也总是在社会中得以建立和发展的，也会打上社会的烙印。虽然人际关系是通过个体与个体之间的联系来实现的，但是人际关系的

---

① 中共中央马克思恩格斯列宁斯大林著作编译局.马克思恩格斯全集：第3卷[M].北京：人民出版社，1960：515.

② 中共中央马克思恩格斯列宁斯大林著作编译局.马克思恩格斯选集：第1卷[M].北京：人民出版社，1995：56.

③ 孟万金.积极心理健康教育[M].北京：中国轻工业出版社，2008：198.

本质在于它的社会性。只有当高校学生与他们联系的个体是友善的、和谐的，才能产生和谐的人际关系，而不友好的联系则有害于社会交往和人际互动。"社会中的每个人都处于不同人际关系网络中，每个人的生存和发展都离不开人与人之间的友好亲善、相互理解、互帮互助"①。离开他人不仅很难生存，更谈不上发展。

2.心理主导性

和谐的人际关系是以交往主体是否获得心理满足的主观感受为遵循，因此是以个体心理为主导的。个体心理倾向主要包括认知、情感和行为三个方面。其中，认知决定人际关系的开始和结束，情感决定人际交往的深度和广度有非常突出的作用，行为则是认知和情感的体现也反过来影响人际情感的持续。主体之间相互喜爱的程度不仅取决于人际交往的选择、交往的频率，更取决于人际关系的质量。

3.互惠性

人际关系的和谐程度，常常取决于彼此需要的被满足程度，能够彼此满足，则被称为互惠。如果彼此交往的结果能够使双方的需要获得满足，则彼此之间的关系必然向和谐和亲密发展；反之，如果彼此交往难以满足各自的需要，则双方的关系势必会向疏离甚至对立方向退步。因此，互惠是和谐人际关系持续的基础。

二、融入高校学生和谐人际关系的构建

社会主义核心价值观融入高校学生和谐人际关系的构建，主要是将"友善"核心价值观融入人际交往的内涵、理念和方式三个方面实现的。其中，内涵主要是指通过对自己的友善，对他人的关爱以及通过相应的方式实施。

（一）社会主义"友善"核心价值观在人际交往中的内涵

不同的学科视角对于"友善"的理解具有不同的侧重，本书以马克思主义理论和儒家优秀传统文化为基础，从心理健康教育的视角对"友善"做一个基本的探索，通过对待自己、对待他人和具体方式等三个方

---

① 孟万金.积极心理健康教育[M].北京：中国轻工业出版社，2008：200.

面挖掘和谐人际交往中友善的内涵。

要在学习马克思主义理论的基础上，更好地理解友善核心价值观的内涵。正如马克思、恩格斯当年所描绘的"它在铲除封建、宗法关系的同时，把一切田园诗般的关系也破坏了：它除了人与人之间赤裸裸的利害关系，除了冷酷无情的现金交易，就再也没有别的联系了；它把人的尊严变成了交换价值，用一种没有良心的贸易自由代替了无数特许的和自力挣得的自由；它撕下了罩在家庭关系是的温情脉脉的面纱，把这种关系变成了纯粹的金钱关系"。① 从某种意义上讲，社会主义"友善"核心价值观的倡导，正是为了避免资本主义的"异化"的人际关系而提出的。在构建和谐人际关系中融入社会主义核心价值观，就需要对自己的友善、对他人的关爱、培养友善的方式。

1. 对自己的友善

所有人际交往的前提和基础是健全的个体，因此，友善的基础首先是善待自己。对此，有不少研究者做出过研究，"友善是基于理解与包容的一种开明的心态与豁达的气度，包含与己友善、与人友善、与自然友善三个向度。友善价值观有助于处理人的自我身心关系，'与己友善'是消除焦虑、缓解压力的不二法门。"② 在"与己友善"方面，有研究者倡导"要在追求成功的同时也承认失败和挫折的合理性与必然性，承认某一需求的实现很可能同时意味着另一个需求不能实现，得与失是连在一起的。这样对待损失和挫折不会那么易感"。③ "友善既指向他人，也指向自己，怀一颗善良的心、成为善良的人是友善的前提，把善心传递给他人的过程就是'友善'。"④ "自我存善心、怀善愿，而后通过自己的行为将善心

---

① 中共中央马克思恩格斯列宁斯大林著作编译局.马克思恩格斯全集：第 1 卷 [M].北京：人民出版社，1995：274-275.

② 黄进.爱国 敬业 诚信 友善：从公民层面看社会主义核心价值观 [N].四川日报，2014-04-30(6).

③ 刘翔平.友善的进取心与残暴的进取心 [J].中小学心理健康教育，2007(17)：35.

④ 李建华.友善：必须着力倡导的价值观 [N].光明日报，2013-07-06（11）.

善愿传递给他人，为他人带来庆幸和美好，则是友善的过程，也是友善的互动。"①

2. 对他人的关爱

从外部特征看友善，其是一个人在行为上表现出来的一种友好姿态；从内在品质看，是一个人内在善良质地的自然流露，是"善"的愿望和"友"的动机的辩证统一，即"内善而外友"。沈壮海认为，"友善的内涵可以包括谦敬礼让、帮扶互助，志同道合、携手奋进等"。②焦国成认为"友善首先是一种对人的友好、和善的态度，友善还是行动上的互助，更高的友善境界是习惯性的志愿服务"。③友善，就意味着要处处关爱他人，不苛求别人，不把自己的意志强加给别人，"己所不欲，勿施于人""以爱己之心爱人，则尽仁"。友善是比友谊还要广泛的范畴，"老吾老以及人之老，幼吾幼以及人之幼""四海之内皆兄弟"推己及人，广具爱心是友善的基础也是友善的境界。

3. 培养友善的方式

孔子有云："友直，友谅，友多闻，益矣。友便辟，友善柔，友便佞，损矣。"（《论语·季氏篇》）这就是说，与正直、诚信、见多识广的人为友，是有益的。反之，与装腔作势的人为友，与刻意讨好的人为友，与巧言善辩的人为友，是有害的。孔子说："见善如不及，见不善如探汤。"（《论语·季氏篇》）即看到善的行为，就好像追赶不上；看到不善的行为，就好像伸手碰到滚烫的水。孟子指出："君子莫大乎与人为善。"（《孟子·公孙丑上》）其意思是，君子最高的德行就是同别人一道行善。友善，本意即友好善良，指在人与人交往过程中应友好相待、崇德向善。儒家将友善视为人际交往的根本准则之一。

友善，是对自身和他人都善良和宽容的一种高尚的道德。友善是个

---

① 李河水.简论儒家文化对"爱国敬业诚信友善"价值观的涵育[J].学校党建与思想教育，2016（15）37-38，42.

② 沈壮海，刘水静.友善：处理人际关系的基本准则[N].人民日报，2014-02-17(16).

③ 焦国成.用友善互助提升社会幸福指数[N].北京日报.2014-01-24（6）.

人文明礼貌的一种展现；对他人而言，表现了个人心地善良、宽宏大量的人性之美，是人际交往过程中的润滑剂。但是友善行为的实施，也需要一定的方式提供保障。

（二）社会主义"友善"核心价值观融入人际交往的理念

社会主义"友善"核心价值观融入人际交往的理念对和谐人际关系的构建起着基础性的作用。只有当个体有正确的和谐人际交往的理念，才能学习掌握适当的方法和表现出适当的行为。有研究者指出："必须从实践的现实性和具体性入手，从现实的人的生存出发，来理解一个人、一个群体、一个阶级的道德。"①

友善首先是对自己的接纳和完善。这是一个人友善的基础，也是一个人能够真正友善的必要体验。首先，只有做到对自己的友善，接纳自己，发展自己，提升自己，才能让自己在现实生活中汲取足够的养分得到成长，进而为人际交往中的友善奠定基础。其次，只有对自己友善，让自己成为一个完整的、真实的个体，才能更好地体会他人的需求，共情别人的需要，进而用对别人真正有用的方式去友善地给予。

友善是内修之后的自然外显。友善不是做作，不是屈从外力的服从，而是发自本心的自然绽放。友善是自我修养，是人格的提升，不是技巧。在现实生活中，需要见贤思齐、愈挫愈勇等真切地完善人格，才能自然地呈现。

友善是有差别但无差异的品格。基于"差序格局"的存在，在施行友善的时候难免会有亲疏之别，但是善的本意没有差异，友的形式没有差异。虽然，在现实生活中，难免会有亲疏有别的概念，但是真正的友善需要在是非善恶的基础上，敬畏生命，尊重人性，这些方面是没有区别的。

（三）社会主义"友善"核心价值观融入人际交往的方法

社会主义"友善"核心价值观融入人际交往的方法主要有谨言慎行、反求诸己、中庸为善、平等互爱。

---

① 艾国，刘艳. 从四个维度把握社会主义核心价值观之友善的内涵 [J]. 思想理论教育导刊，2015（10）：61.

1.谨言慎行

一方面要做到"君子不以言举人，不以人废言"（《论语·卫灵公》），还要注意表达的分寸，"可与言而不与之言，失人；不可与言而与之言，失言。知者不失人亦不失言。"（《论语·卫灵公》）另一方面，要避免对他人造成伤害，所谓"君子不以其所以养人者害人"（《孟子·梁惠王章句下·第十五节》）。

2.反求诸己

由于我国传统文化乃至现代社会都非常重视人际关系，在人际交往中看重他人的评价、感受和行为，因此我们会更加倾向于凡事先从自己的角度找原因。孟子曰："仁者如射，射者正己而后发。发而不中，不怨胜己者，反求诸己而已矣。"（《孟子·公孙丑章句上·第七节》）一方面要尽力去了解他人，"不患人之不己知，患不知人也""不得于言，勿求于心；不得于心，勿求于气"（《孟子·公孙丑章句上·第二节》）。另一方面努力"修己以安人"（《论语·宪问》），"躬自厚而薄责于人"（《论语·卫灵公》）。

3.中庸为善

中庸，就是"中"而"用"之，其基本含义及精神是执两端而允中，强调以整体视角和全局观念认识外部环境，追求"执中"、适度与"和"，"处事多方衡量做出最佳选择，追求生活和谐"①。它在现代中国人的为人处事中占有重要地位，"越是高中庸者，越会在行动面上试着纳入自我与他人的考虑，尝试去找到自我与他者之间最佳的平衡点。"②孔子赞同"隐居以求其志，行义以达其道"（《论语·季氏》），他甚至倡导"宁武子，邦有道，则知；邦无道，则愚；其知可及也，其愚不可及也"（《论语·公冶长》）。

---

① 杨中芳.传统文化与社会科学结合之实例：中庸的社会心理学研究 [J].中国人民大学学报，2009，23(3)：53-60.

② 林以正.中庸理论深入探讨外柔内刚的中庸之道：实践具自主性的折中原则 [M].北京：社会科学文献出版社，2014：221-235.

4.平等互爱

在儒家思想中，友善是双向的、相互的。荀子说："友者，所以相有也。"(《荀子·大略》)单方面的拥有不能构成友善，它体现的是一种双向对等关系。这种思想不仅为人与人之间的和睦相处提供了价值依据，也为人与人之间的友爱互助提供了道义上的保障和激励。互动的过程也是惠助的过程，无论这种惠助是物质的还是精神的。[1]只有彼此给予的惠助才能增进了人际关系的和谐。

(四).社会主义"友善"核心价值观融入人际交往的行为

林崇德先生在 2003 年就成提出"乐群"的概念，她认为乐群是提高大学生解决人际关系问题的重要能力，包括 6 个方面："能了解彼此的权利和义务；能客观了解他人；关心他人的要求；诚心地赞美和善意地批评；积极地沟通；保持自身人格的完整性。"[2]这些方面在儒家友善思想里也有体现。儒家友善思想对于今天高校学生增强和谐人际关系的行为有借鉴价值。

1.知人明智

《孟子·离娄上》："仁之实，事亲是也；义之实，从兄是也；智之实，智斯二者弗去是也。"说明关心他人、理解他人的离不开"仁"与"义"，以仁爱他人为基础，所谓"里仁为美，择不处仁，焉得知"(《论语·里仁》)。智以仁为指导，是一个统观全局的认知体系，从整体上帮助个体把握做人做事的方式方法。个体认为自己对哪些人负有什么样的责任与义务以及如何来履职尽责，都有赖于其"明智"水平。

2.忠恕有加

"夫仁者己欲立而立人，己欲达而达人。能近取譬，可谓仁之方也已"(《论语·雍也》)。即充分使用同理心去想别人之所想，为别人之所为。个体想要在自身和生活中确立起来的东西，也要帮助他人确立起来；

---

① 李河水.简论儒家文化对"爱国敬业诚信友善"价值观的涵育 [J].学校党建与思想教育，2016（15）：37-38，42.

② 林崇德.积极而科学地开展心理健康教育 [J].北京师范大学学报（社会科学版），2003（1）：31-36.

自己通达了，也使别人通达，这就是"忠"道。"忠于其人，则必以正道规诲之。"①在与人具体的交往中，还要保持真诚，用正确的思想去影响和引导人。就是说自己要求得到满足时，也要使别人满足这种要求，在《论语》中，孔子的忠道有多方面的表现，有忠人、忠事等。如对于最亲的人要"孝慈则忠"（《论语·为政》）。同时，"忠事"也是不可忽视的，待人接物时，应当"言忠信，行笃敬"（《论语·卫灵公》），"行之以忠"（《论语·颜渊》）。恕，即"己所不欲，勿施于人"（《论语·卫灵公》），自己不愿意的事情，也不要强加给别人。恕表示能够以己心体谅、通情于他人之心。个体要关照他人的感受，做任何事之前充分考虑他人会不会接受，以及这样做会给他人带来的后果，努力去体谅别人、理解别人、宽容别人、通达别人。钱穆指出"尽己之心待人谓之忠，推己之心以及人谓之恕"②。忠恕之道就是尽己推己，将心比心。孟子曰："仁者以其所爱及其所不爱"（《孟子·尽心章句下·第一节》），"老吾老，以及人之老；幼吾幼，以及人之幼"。

3. 有情有义

对于有情有义的人，他们愿意为重视的他人付出，知恩图报。这一点尤其体现在"孝"上。"子生三年，然后免于父母之怀，夫三年之丧，天下之通丧也，予也有三年之爱于其父母乎？"（《论语·阳货》）这就体现了以感情和恩情为基础的"情义"，情深则义重。《孟子·尽心上》也说"仁者无不爱也，急亲贤之为务"。

4. 文明礼貌

是对他人有礼貌、礼让之言行，体贴他人，保全他人之脸面。《论语·泰伯》里有"直而无礼则绞"。心直口快却不知礼，就会尖刻刺人，不仅令对方"没面子"，还"伤感情"。孔子十分重视学"礼"，认为做人应自学礼开始，亦即个人行为应该与现行社会制度相适应，否则无法适应社会，正如他对儿子孔鲤所指出的"不学礼，无以立"（《论语·季

---

① 钱穆．论语新解 [M] 北京：生活·读书·新知三联书店，2002：357.
② 钱穆．论语新解 [M] 北京：生活·读书·新知三联书店，2002：98.

氏》）。孔子曰：“礼之用，和为贵。”（《论语·学而》）礼的应用，以和谐为贵。“和”必须合乎礼，离开了礼而言“和”，不是真“和”，是行不通的。所谓“和”，从人际关系和谐角度说，就是对人要和顺，处事适当，不偏不倚，使得人际关系达到好的境界。为了达到“和”，孔子主张用“温、良、恭、俭、让”这五种美德来要求人们，用温和、善良、恭敬、俭朴、谦让这五种品德去待人接物。

三、社会主义“友善”核心价值观融入人际交往的作用

社会主义“友善”核心价值观融入高校学生人际关系有利于优化交往理念，有利于丰富交往方法，有利于促进交往行为和谐。

（一）有利于优化高校学生交往理念

目前关于大学生人际交往的理念和心理健康教育的其他理论一样，很多都是来自西方的心理学。无论是西方重视满足自我生存和发展忽视社会和谐的理论，还是西方心理学中交互影响论的功利主义追求等，都只能在表层面满足高校学生和谐人际关系的维系。因为人际交往是需要满足深层次的精神层面的需要，同时促进个体在交往实践中实现自我价值。社会主义“友善”核心价值观的融入，从深层次上帮助个体在与他人互动中检验和深化自己的认识，在满足他人需要的同时实现自我满足，在忠实自我体验的同时宽恕别人的不理解。这些理念是对高校学生人际交往理念的拓展，也是对心理健康教育理念的丰富。

（二）有利于丰富高校学生人际交往的方法

人际交往不仅有理念，还有认知和具体的方法。社会主义“友善”核心价值观的融入，在大学生人际交往方法方面提供了深厚的文化基础。西方的人际交往方法，需要立足于中国社会现实和文化土壤，通过“中国化”的转化才能具有现代化的借鉴价值。其中，儒家传统文化中的“谨言慎行”和“反求诸己”的方法对于今天提倡个性表达的“00后”高校学生具有特别的价值。因为谨言慎行不仅要求在人际交往中要体现自己的个性特点，也要关照到对方的感受，照顾到对方的个性需求，因

此无论是言语还是行动上都要谨慎。反求诸己的方法既是在倡导人际交往中增强对自己的察觉，也是对和谐人际关系持续的反思，有利于和谐人际关系的构建和持续发展。

（三）有利于促进高校学生和谐交往

高校学生人际交往和谐是一个多维持续的过程。社会主义"友善"核心价值观的融入，有助于学生更好地了解自己，忠于自己。"00 后"高校学生都比较注重自己的个性展示，而人际关系和谐需要让他人在交往时感到被重视，被接纳，被认可。社会主义"友善"核心价值观的融入，可以帮助高校学生更好地认识自己的个性，理解友善地表达个性的内涵及方法；有利于他们更好地理解他人，承担责任，加强合作；有利于促进高校学生人际交往和谐，并为社会的和谐贡献力量。

第六节　社会主义核心价值观融入生命教育

生命教育的目的是使高校学生对生命的产生、发展、终结及其特征有一个科学的认知，进而理解生命、欣赏生命，珍爱生命，预防心理危机的发生。

一、心理健康教育中生命教育的含义

不同的学者对生命教育的内涵有不同的解读，但主体内容大同小异。"生命教育理念由美国人杰·唐纳·华特士于 20 世纪 60 年代最先提出，主要致力于预防自杀、药物滥用、吸毒、暴力行为等伤害生命情况的发生。"[1]"生命教育依据生命的特征，遵循生命发展的原则，以学生自身潜在的生命基质为基础，通过优良的教育方式，唤醒生命意识，启迪精神世界，开发生命潜能，提升生命质量，关注生命的整体性发展的运动"[2]

---

① 林逢春，陈晓雁，谭洁英.西方国家生命教育的现状、特点启示 [J].思想教育研究，2012(9)：103.

② 王煌、喻芒清.关于高校生命教育的再思考 [J].学校党建与思想教育，2006(10)：9.

也有的学者认为生命教育是"通过行之有效的教育方式和内容，让学生们真实而准确地认识生命的本源和意义，从而感知生命、欣赏生命、尊重生命，进而理解生命的内在价值和生活的美好，建立起积极、乐观的人生观，选取正确的人生道路和努力方向"。[①]加强生命教育，主要是帮助高校学生科学认识生命，正确对待生命以及明确生命的意义和价值。

二、社会主义核心价值观融入生命教育的内涵

"心理健康在一定程度上依赖于人们怎样看待生命。"[②]社会主义核心价值观融入生命教育，主要是融入科学认识生命，正确对待生命，升华生命价值追求三个方面。

（一）社会主义核心价值观融入科学认识生命

生命具有共同性与独特性，有限性与无限性，规定性与自由。"人的生命是由生理生命、心理生命和社会生命三个部分紧密联系相互作用而成。"[③]首先，整体而言，社会主义核心价值观使人的社会生命能够适应社会并在社会中得以发展的内核，也是人的心理生命得以稳定的基础。其次，人的生命无限性主要是指人类精神生命，是个体通过在有限的自然生命里创造不朽的价值来实现的。社会主义核心价值观则是当代中华儿女共同创造的时代价值共同体。社会主义核心价值观的国家、社会和个人层面的价值倡导，也是中华民族优秀传统文化的延续。身的温饱是短暂的，而心的安宁则是长久的。就新时代的高校学生而言，社会主义核心价值观可以帮助他们认识到将自己的有限的自然生命投入为中华民族伟大复兴和构建人类命运共同体的无限事业中，从而获得生命的无限性。最后，社会主义核心价值观的融入的过程本身就是个体体会到受社会和道德规定的过程，同时，社会主义核心价值观的融入，有助于个体

---

① 赵迎华．新时期大学生生命教育的内容、现状及策略探析 [J]．思想理论教育导刊，2014(9)：136.

② 李虹．健康心理学 [M]．武汉：武汉大学出版社，2008：308.

③ 沈德立．大学生心理健康 [M]．北京：高等教育出版社，2014：318-319.

自我实现、人格完善、人际和谐、职业实现等，"进入促进个体的人格自由和精神自主，满足人类对自由这一最深刻的人性需要。"①

（二）社会主义核心价值观融入正确对待生命

社会主义核心价值观的融入，可以引导教育大学生敬畏生命，懂得生命的神圣性和普遍联系性，加强对"天人合一"传统价值观的认同，理解人的全面发展应该是人与自然、人与社会、人与自身发展的和谐统一，在敬畏大自然的同时善待一切自然的生命。社会主义核心价值观还可以引导学生善待自己，注重自身身体的养护和锻炼，使其学会维护健康的知识、方法和技能，提高安全防范能力和自救能力，树立牢固的健康信念，并养成一种自觉行动；可以引导大学生正确看待自己和他人遇到的心理健康问题，不回避问题，也不污名化有心理健康问题的同学，能够树立维护心理健康的意识，注重自身心理健康发展，训练自身对心理变化的调控能力。

（三）社会主义核心价值观融入生命价值追求

生命的价值和意义是人类生命历程的升华，个体生命价值以及人生的目标和意义形成理性认知是生命教育的核心。社会主义核心价值观的融入，可以教育引导高校学生关注自己生命意义的同时，能够认识到绝不能简单地活着，而是要向先辈"为天地立心，为生民立命，为往圣继绝学，为万世开太平"学习，彰显生命的意义，成为为社会服务、为人类作贡献，做"两个一百年"的参与者和奉献者。融入社会主义核心价值观的生命教育，不仅可以使高校学生形成健康的生命价值观，还能帮助他们增强爱心和社会责任感，从而获得全面发展。

三、社会主义核心价值观融入生命教育的意义

社会主义核心价值观融入生命教育有助于更有意义地承受痛苦，对生命意义的超越以及提升对危机事件的认识。

---

① 李翔飞，王坚，朱晓玲，等.走出大学生命教育的多重困境——生命教育与传统文化的有机融合 [J].教育学术月刊 2017（4）：59-60.

（一）社会主义核心价值观的融入有助于更有意义地承受痛苦

每个人都在接受生命的追问，其中痛苦是生命中不可回避的主题，需要用正确的行动和积极作为来回应。如弗兰克尔所言："痛苦在发现意义的时候，就不成为痛苦了，例如具有意义的牺牲便是。"①社会主义核心价值观的融入，让高校学生认识到，国家发展强大的过程，正是千千万万的爱国志士用自己的潜能去克服艰难困苦的过程，优秀的中华民族也是在经历了深重苦难的近代史的发展而今再次走向复兴。这有助于高校学生增强面对痛苦的勇气。同时，友善的人格品质和人际关系有利于他们巩固社会支持系统，增强面对痛苦和苦难的力量，从而在承受痛苦和超越痛苦之后继续追寻生命的意义。心理危机的产生一方面与难以预料的重大突发事件有关，另一方面也与应对困难、挫折的能力有关。意志是与克服困难相联系的心理过程，使得个体在抵抗外在压力的过程中发挥能动作用。社会主义核心价值观的融入，让高校学生体会到我国历史上能人志士们克服困难成就伟业时坚忍不拔的意志，可以学习革命先烈用鲜血和生命为我们赢得今天的幸福生活的精神，从而帮助高校增强面对困难的勇气、迎接困难的动力、克服困难的信心，提高对危机事件的心理承受能力。

（二）社会主义核心价值观融入有助于对生命意义的超越

生命的无常和短暂，让我们不断地进行抉择，积极地寻求问题的解决，从而不断地激发潜能。当一个人能理解并坚守生活中的责任，更能感到满足与充实，体验到生活的意义。社会主义核心价值观的融入，可以让高校学生在肩负国家发展、社会进步、民族复兴使命时，追寻自己生命中不朽的意义，让高校学生明白，即便短暂的生命也会在追求有意义的事业中得到超越，永恒地存在。

（三）社会主义核心价值观融入有助于提升对危机事件的认识

价值观是态度的核心，个体对于某个人或事情所持的态度，决定于

---

① 弗兰克.活出意义来[M].赵可式，译.北京：生活·读书·新知三联书店出版社，1991：96.

人和事对于个体所具有的意义和价值。持有不同态度的人在经历危机事件后会产生截然不同的心理倾向和行为反应。社会主义核心价值观通过影响态度来影响高校学生对心理危机事件的认识。认同和践行社会主义核心价值观的高校学生，其人生态度会更加积极，对影响心理危机事件的产生、发展和变化过程有宏观的视野和正面的解读。社会主义核心价值观的融入可以在一定程度上预防高校学生对生活失去信心，变得消极倦怠，有助于引导高校学生从危机的应对中获得新的生活体验，掌握新的应对方式和应对技能，从而获得新的心理感受，重新拾起生活的勇气，甚至实现人生的新跨越。

第六章　社会主义核心价值观融入心理健康教育的主要路径

社会主义核心价值观融入高校心理健康教育的主要内容需要通过相应的路径才能得以传播。心理健康教育的主要路径有课堂教学、教育活动、心理咨询和心理危机干预。高校心理健康教师则在这四个途径中贯穿始终，发挥着重要的组织和实施的作用。社会主义核心价值观的融入要结合主要路径的不同特点、不同模式和不同作用。具体而言，社会主义核心价值观融入课堂教学主要通过教案编写、课堂教学和课后实践三个环节实现；融入教育活动主要通过活动方案设计、活动宣传和内容实施三个环节实现；融入高校心理咨询主要通过目标设计、理论选择、内容展开和心理咨询师的身体力行实现；融入心理危机干预主要通过危机预防教育、危机干预过程和危机善后处置三个环节实现；通过细化高校心理健康教师践行内涵、完善人格修养和提升执业能力三个方面实现融入。

第一节　社会主义核心价值观融入高校心理健康课程教学全过程

社会主义核心价值观融入心理健康课程教学，主要体现在贯穿教材编写、嵌入课堂教学环节、贯穿实践教学三个方面。

一、贯穿高校心理健康课程教材编写

社会主义核心价值观融入心理健康教材，主要是融入教材设计理念、具体理论知识内容和教材案例选取等方面。

（一）社会主义核心价值观融入心理健康教材编写理念中

心理健康教育承担着推动高等教育改革、加强和改进高校学生思想政治教育的重要任务。心理健康教育课程是心理健康教育实施的主渠道，引导高校学生自觉践行社会主义核心价值观是应有之义。在教材编写中，要将社会主义核心价值观的理念贯穿始终，让学生理解心理健康的学生是社会主义核心价值观认同者，更是"爱国、敬业、诚信、友善"核心价值观的践行示范者。

（二）社会主义核心价值观融入心理健康教材理论知识中

心理健康教育教材是承载心理健康教育的重要媒介，也是传递心理健康知识的重要载体。社会主义核心价值观融入心理健康教育教材的直接体现就是在心理健康知识中予以全面和生动地呈现。教育部2011年提出的教学大纲指导意见指出，要通过课程教学，首先要使学生在知识层面得到四个方面的提升。社会主义核心价值观融入理论知识中可以从对应的四个方面予以落实。

融入心理健康有关理论和基本概念。目前心理健康的主要理论依然是西方的心理学理论，所使用的概念主要也是来自西方。在教材编写中，要以社会主义核心价值观为引导对其进行适合我国大学生发展需要的本土化转化，克服"水土不服"的问题，便于高校学生理解、认同和在现实生活中加以运用。

融入心理健康的标准及意义解读。目前心理健康领域对于心理健康的标准没有达成一致意见，不同的理论流派有自己的标准，乃至统一流派内部不同学者有自己的看法。我国医学、心理学和思想政治教育等不同学科背景的心理健康教育工作者也对心理健康标准在侧重点上有不同的认识。社会主义核心价值观融入心理健康标准，需要在学理层面和实践层面讲清楚培育和践行社会主义核心价值观与心理健康标准的关系。比如，可以提出融入社会主义核心价值观之后的新时代高校学生心理健康标准：第一，在与自我的关系上，真诚地接纳自己，包括自己的真实情绪和个性特征，并能见贤思齐地自我完善；在与他人的关系上，友善地对待他人，真诚地与人交往，并能够构建和谐稳固的人际关系；第三，在与社会的关系上，激发自己的潜能，并树立与国家发展和时代需要相契合的崇高目标，在每天能够锲而不舍地逐梦前行。

融入个体心理发展特征的阐释。心理学的研究表明，不同人生阶段的心理特征具有不同的表现。不同时代、同一年龄段的人具有不同的心理特征。新时代中国青年大学生将逐渐以"00后"为主，有学者对他们的心理特征做过研究，认为具有"显个性、够独立、求务实、更开放是'00后'大学生的鲜明特点"。①社会主义核心价值观的融入，需要结合他们的心理特征进行有效嵌入。比如，在积极人格培育中，引导他们认识自己的个性，在诚信和友善中去彰显自己的个性；在职业生涯规划与管理中，鼓励他们用自己独特的方式去实现个人价值，体现新时代青年的爱国担当；引导他们务实地制定切实可行并且可量化的职业生涯实践路径，用敬业的精神去做好规划的管理等。

融入掌握自我调适的基本知识。自我调适的基本知识涉及面非常广，既有自我的悦纳，又有情绪管理、压力管理以及生涯规划，甚至还有危机事件的预防等诸多方面。社会主义核心价值观融入自我调适的基本知识，要结合不同的内容和不同的方面对社会主义核心价值观的丰富内涵和时代特征进行阐释，让他们在自我调适的基本知识中获取新的生命力。要找到高校学生的心理特点和自我调适的热点，以及他们对社会主义核心价值观的需求点，从这三个点进行融入，才能更好地保证心理健康教材中知识的融入有持久的生命力。比如，大一的学生迷茫是常态，学生普遍希望自己有个切实可行的目标。在帮助他们认识高校学生、适应高校学生生活的过程中，可以从引导他们充分了解国家发展的现状开始，再到教育发展的现状以及学校和专业的现状。在介绍发展历程中，让学生感受到国家的强大，以及目前深化改革对有真才实学人才的渴求，就可以自然地融入爱国的相关内容；在介绍适应学校生活的案例中，可以

---

① 项久雨.品读"00后"大学生[J].人民论坛，2019（9）：113.

选取成功的案例，特别强调友善的人际交往理念，敬业的学习态度等等对适应学校生活有重要意义的案例。

（三）社会主义核心价值观融入心理健康教材案例选取中

要提高理论的解释力，突出理论对实践的指导性，心理健康教材往往会选取相关的案例进行说明。这些案例大都与编写组在现实中遇到的案例改写而来，因具有贴近高校学生生活实际，引发他们强烈共鸣，对他们心理困惑有极强的指导性等特点而受到学生们的喜爱。将社会主义核心价值观融入教材中，一方面可以在案主处理心理困惑的过程中以及案主在接受心理健康服务之后的学习生活中体现出践行社会主义核心价值观的情况；另一方面，需要对案例中案主没有践行社会主义核心价值观导致的心理健康问题的案例适当予以呈现，让高校学生在阅读案例时，对案主没有践行社会主义核心价值观而导致心理问题有更加深刻和直观的认识，进而提升自己对社会主义核心价值观的认同，增强践行社会主义核心价值观的主动性和自觉性。

二、嵌入高校心理健康课堂教学环节

高校学生心理健康课堂教学包含教师、学生和教学媒介三个方面。教学理念转变带来的直接变化是教学内容等方面的变化，"即从偏重解决大学生的心理障碍性问题逐渐调整为关注大学生成长过程中的烦恼、困惑、不适应，更侧重于一般性心理问题的分析、成长性心理问题的解答和如何更好地促进学生的心理发展，从强调心理健康内容的系统性转向结合当代大学生的心理行为的实际，凸显针对性，从关注理论性转变为强调应用性和方法的可操作性。"[1]社会主义核心价值观融入课堂教学环节中，主要也是体现在三个方面。

（一）社会主义核心价值观融入教师在课堂上的言行举止中

教师是心理健康课堂教学中的主导和主体，他们的言行举止对于课堂的成效具有举足轻重的影响。社会主义核心价值观融入心理健康课堂

---

① 马建青.大学生心理健康教育课程 30 年建设历程与思考 [J]. 思想理论教育，2016（11）：89-90.

教学环节首先要体现在教师的言行举止中。而前提是心理健康教师对社会主义核心价值观能够深度理解和自觉践行。心理健康教师在心理健康课堂上践行社会主义核心价值观体现在以下三方面。

心理健康教师带着"为谁培养人"的思考，把心理健康课堂定位成为中国特色社会主义培养建设者和接班人，展现"爱国"的价值观。同时，这样也避免了一般心理健康课堂上仅仅围绕学生的心理健康问题的"微观"视角开展教育，避免让学生陷入"小我"甚至是"唯我"的狭隘认识中。

心理健康教师根据新时代高校学生的特点，在教学方式上要充分激发他们的积极性、主动性和创造性，让他们在课堂上接受教育的机会是平等的，人人都有同样参与各教学环节的机会，甚至在教学内容的侧重点和教学方式的改革以及课外实践主题的选取等环节，充分听取他们的意见，让他们享受民主参与自己学习的进程，真正让学生在心理健康课堂教学中可以自由、民主、平等地参与课堂教学。

心理健康教师要发挥自己的主动性和创造性，根据学生的情况、新时代的特点并吸收我国优秀传统文化，认真准备授课内容，展现自己的"敬业"价值观，让学生在接受中国特色心理健康知识后能够感受到社会主义核心价值观润物无声的滋养作用。心理咨询师的人格和态度对于心理咨询的效果起着举足轻重的重要作用，课堂上教师的积极作用也是如此。无论是面对学生在课堂上呈现出的心理困惑还是展现出的对高校生活的迷茫，都需要心理健康教师展现出极大的理论自信和育人耐心，真诚地和他们一起面对问题，俯下身子和他们一起解决问题，切实将心理健康理论与当下学生的实际需求相结合。这便是心理健康教师在教学态度上展现出的"诚信""友善"的核心价值观。

（二）社会主义核心价值观融入大学生参与课堂教学活动中

学生也是课堂上的重要主体，尤其是有主见、显个性的"00后"占主导的高校学生在心理健康课堂更是如此。社会主义核心价值观融入课堂教学，最终体现在学生在课堂中对知识的汲取和理论的认同。社会主义核心价值观融入学生参与课堂教学中主要体现在四个方面。

　　高校学生以"爱国"的情怀理解课堂上老师的授课内容。由于心理健康教师会在课堂上讲述的心理健康知识中包含中华优秀传统文化的思想，大学生在课堂上的"爱国"行为，表现为对优秀传统文化的主动学习，表现为对心理困惑和心理问题成因的社会因素的关注以及我国社会发展成就促进高校学生心理健康的关心，能够自觉将时代发展的需要与个人兴趣爱好和专业特长结合，将个人自我实现的追求融入职业生涯规划和管理中。

　　高校学生以"敬业"的状态认真参与课堂教学中。"敬业"价值观根据人员对象不同而具有具体而丰富的内涵，一般很容易理解为对自己从事工作的兢兢业业，主要是针对有工作岗位的社会人士而言的。高校学生的敬业无疑是体现在他们在学习状态上的"废寝忘食""孜孜不倦"，无论是从心理发展阶段看还是从学生现实的时间精力投入看都是如此。高校学生在心理健康课堂教学中要以认真的状态投入学习，是对"敬业"价值观的深刻认同和最好的践行。

　　高校学生以"诚信"的状态把自己融进去。无论是从教育部对高校学生心理健康课堂的要求还是从高校学生本身对心理健康课堂的热爱，都对心理健康课堂提出了"知行合一"的要求。与其他课堂的教学内容不同，心理健康课堂不仅强调对心理健康理论知识的学习领悟，更加强调结合自身实际去运用知识调整自己，保持健康状况。这就要求高校学生要客观地认清自己的优势，同时也要真诚地面对自己的问题，看清楚自己的困惑，在课堂上体现出对自己最大的"诚信"。

　　高校学生以"友善"的态度对待课堂中其他同学出现的问题。在心理健康课堂上，教师为了讲授理论知识，更为了让学生能够学以致用，往往会注重学生的课堂参与性，通过心理量表的测试，或者类似团体辅导的小组讨论形式，让学生展现或者讲述自己的情况。学生在教师的引导下往往会真诚地展示自己的真实情况，有的是自己的困惑甚至是心理危机事件，这时候需要教师"友善"地运用专业能力进行保护、化解和疏导，同时也要学生能够"友善"地予以接纳和理解，让课堂呈现出一个安全和包容的氛围，更好地实现心理健康提高和维护的教学目标。

（三）社会主义核心价值观融入心理健康课堂的媒介呈现中

环体是"指由外部的物理环境和内在的人文情境组成，共同构成心理健康课堂教学赖以产生、存在和发展的前提条件"。[①] 环体是教学过程中主体和客体之外的重要因素。社会主义核心价值观融入心理健康课堂教学环体中，首先，主要体现在融入用于教学的课件展示和音影视频之中。现在高校的课堂教学主要是以多媒体课件为主要辅助手段。社会主义核心价值观融入高校心理健康教育的多媒体课件制作中，可以体现在多媒体素材的选取上，强调中国特色文化的元素，并将其与相关的心理健康知识进行配合，一方面是加深学生对知识的理解，另一方面用"浸润"式让学生加深对社会主义核心价值观的理解与认同。其次是融入教学影音视频的制作和选取中。随着5G时代的到来，短视频将越来越受青年学生们青睐。高校心理健康教师在利用短视频辅助教学时，可以将教学中用到的短视频和背景音乐等设计为体现社会主义核心价值观倡导的内容，用实际行动彰显文化自信。在心理健康教育中大力开发有利于社会主义核心价值观传播的外部环境和人文情境，是提高社会主义核心价值观融入实效性的重要途径。

三、贯穿高校心理健康课程实践教学

《普通高等学校学生心理健康教育课程教学基本要求》明确指出："通过本课程的教学，使学生掌握自我探索技能，心理调适技能及心理发展技能。如学习发展技能、环境适应技能、压力管理技能、沟通技能、问题解决技能、自我管理技能、人际交往技能和生涯规划技能等。"据此，心理健康实践教学活动更加注重高校学生结合自身实际情况对习得知识的运用，进而切实提高自身心理素质。因此，在教学环节中有一定比重的实践内容。这些实践中有直接的参与体验，有间接的观看视频，还有学习体会分享等。社会主义核心价值观融入心理健康实践教学中，主要体现在实践环节的设计、实践教学的内容还有实践效果的反馈三个方面。

---

① 雷骥.文化自觉视域下思想政治教育环体的创设[J].学校党建与思想教育，2016（7）：24-26.

（一）社会主义核心价值观融入实践教学环节的设计中

教学实践，主要是为了丰富教学形式、深化教学内容、巩固知识学习而采取的教学方法。心理健康课程教学的实践是为了深化学生在课堂中学习的心理健康知识，结合自身实际和周围朋辈情况巩固心理健康的调适能力。社会主义核心价值观融入实践教学首先就是在实践教学的设计环节。心理健康的问题种类繁多，影响因素更是复杂多样。大体可以分为个人自身的原因，包括个人价值观的内在原因，家庭学校等环境因素，社会发展的宏观环境和突发事件等的特殊原因四个方面。心理健康实践教学环节的设计中，可以引导学生从这个四个方面与社会主义核心价值观相关的方面进行思考和探索，发现其中的关联部分，探索社会主义核心价值观通过以上四个方面的影响因素对个体心理健康的促进作用以及违背社会主义核心价值观对心理健康的危害。

（二）社会主义核心价值观融入实践教学的内容中

实践教学的内容是对课堂教学内容的深化和延伸，也是对课堂教学内容的落实和检验。社会主义核心价值观地融入，具体而言，可以在自我认识和自我接纳中剖析是否诚信客观的认识、善待自己，在压力管理中，对于引起压力的外在的原因是否由于自己本身不够努力，导致学习等现实的压力过大而引起心理困扰，在职业生涯规划实践中是否充分对接国家发展和社会进步的需要，在人际交往中的问题是否对于友善的理解和践行还做得不够，在遇到心理危机事件时，是否对于生命的美好感悟不够，对人生的意义把握不多，导致人生意义缺失。这些内容的设置和对答案的质询会因人而异，答案也复杂多样，但是其中都与社会主义核心价值观相关，可以引导学生在全方位思考和探索时，就社会主义核心价值观的方面进行探讨，甚至可以将社会主义核心价值观的认同和践行直接作为朋辈心理辅导的内容，引导学生去交流和探讨。

（三）社会主义核心价值观融入实践教学效果的反馈中

教学反馈是完整教学环节中的重要组成部分，主要是结合教学实践工作，评估教学效果，分析影响因素，探讨提升策略。社会主义核心价值观融入实践教学效果的反馈中，主要是指教师带领同学分析实践教学的成果时，将实践环节中践行社会主义核心价值观作为重要因素纳入其中。教师对学生在实践教学中诸多表现因素进行分析时，着重对他们呈现的社会主义核心价值观的状态进行总结；用社会主义核心价值观对于实践中涉及的价值观问题进行引导。

第二节　社会主义核心价值观融入高校心理健康教育活动

高校可通过将社会主义核心价值观纳入实践活动方案设计、引导活动宣传、渗透活动内容等实现融入。

一、融入高校心理健康实践活动的内涵

高校心理健康实践活动可以激发广学生在心理健康教育工作中的主体作用，满足学生自我成长的心理需要。通过不断创新心理健康教育活动形式，积极营造良好的心理健康教育氛围，拓展心理健康教育载体，丰富心理健康教育内容，深受高校学生欢迎。社会主义核心价值观融入心理健康教育活动主要以"隐性"的形式融入为主，具体可以融入方案设计、贯穿活动宣传、渗透活动内容等融入心理健康教育活动中。

二、纳入高校心理健康实践活动方案

心理健康教育课外活动是高校开展心理健康教育的重要载体，社会主义核心价值观融入心理健康教育课外活动，首先是融入活动主题设计。每年教育主管部门都会在 5·25 大学生心理健康教育课外活动节集中开展心理健康相关活动，其中也会对活动方案进行指导。高校可以将社会主义核心价值观纳入方案中，并设计为重要的主题之一。学校可以根据不同年级学生的特点对社会主义核心价值观的认知以及不同学校对社会主义核心价值观的需求程度进行设计。目的是在既有的深受高校学生欢迎的各项活动中融入社会主义核心价值观，让他们在参与活动时，能够

增进对社会主义核心价值观内涵的理解，提高践行社会主义核心价值观的自觉性和主动性。

三、引导高校心理健康实践活动宣传

目前，高校普遍通过广播、电视、校刊、微信微博以及短视频平台等多种媒介，积极开展心理健康教育宣传活动，各高校基本上都有心理健康教育网络平台，有心理健康教育的专题网站（网页），面向全体高校学生宣传和普及心理健康知识。社会主义核心价值观贯穿心理健康教育课外活动的宣传中，主要是在网站知识的呈现上，在宣传标语的设计上，在宣传产品的制作中，在微电影和短视频的制作中，都要体现社会主义核心价值观所倡导的内涵。

四、渗透高校心理健康实践活动内容

高校以"5·25心理健康月"为主体的心理健康教育课外活动，有日益丰富的内容和精彩纷呈的形式，涵盖了高校学生从入学适应教育到就业的职业生涯规划等全过程内容以及高校学生喜闻乐见的心理微电影和"心理剧"等为大学生喜闻乐见的形式。

（一）融入团体心理辅导主题班会

高校在指导心理健康实践活动开展时，要充分发挥班集体建设和心理社团等学生组织的作用，它们在充分调动学生自我认识、自我教育、自我成长的积极性、主动性，普及心理健康知识等方面发挥着重要作用。社会主义核心价值观融入团体心理辅导主题班会，可以在主题的选取、分享的引导和交流的总结中分别实现。比如，以倡导友善的宿舍关系，倡导好学的敬业态度，倡导心怀天下的自我实现，倡导诚信的个人品行等作为主题。用社会主义核心价值观对学生在班会过程中呈现出来的问题，产生的疑惑进行引导，其实就是在帮助学生深化对社会主义核心价值观的认识。

（二）融入户外心理拓展训练主题和过程

心理拓展训练是在团体情境中提供心理帮助与指导的重要方式，它是通过团体内的人际交互影响，帮助个体在交往中通过观察、学习、体验等方式来认识悦纳自我、改善人际关系、形成新态度和行为方式的过程。社会主义核心价值观的融入，可以根据参训者面临的心理问题设定各种训练项目，通过这些项目的练习实现社会主义核心价值观的理解和认同。在帮助参训者达到沟通环节嵌入友善核心价值观，在共同面对问题和寻找解决问题的方法时嵌入敬业核心价值观，在提升心理健康水平的同时，践行社会主义核心价值观。

（三）融入心理沙龙

心理沙龙主要是利用小组会谈的形式，根据学生需求来选定主题后，由全体成员围绕主题展开自由讨论，通过成员之间的情感交流，思想碰撞达到表达倾诉、释疑解惑、领悟成长的目的。社会主义核心价值观可以融入主题的选取、环节的设计和氛围的营造等方面。比如，参与人员围绕主题表达见解时，可以在和谐的氛围中，享有平等的表达机会，个人观点得到自由表达和充分尊重。同时这种交流沟通、情感宣泄、自我表露等方式，有助于高校学生对彼此在理解、认同和践行社会主义核心价值观过程中遇到的典型问题进行深入探讨，如果得到心理健康教师的适时引导，则能有效果很好的启发和思考。

（四）融入心理情景剧的编排和表演

高校的心理情景剧是指通过戏剧创作和艺术表演的形式，对预设的心理问题进行直观化的描述、解释和引导，让观众和参与者在自发、和谐、轻松的状态下受到启迪。社会主义核心价值观融入心理情景剧的表演中，首先可以融入主题的选择上。高校可以将于学生生活中具有代表性的心理问题系统地呈现出来，同时将这些问题与社会主义核心价值观践行相关的方面通过表现展现出来，让学生直观地了解到各种心理问题的形成和发展的背后都有价值观的原因。同时，培育和践行社会主义核心价值观对心理问题的预防和应对方法有直接的作用，进一步激发学生践行的主动性和积极性。另一方面，融入直接参与表演的学生所扮演的角色中。通过学生生动的演绎，帮助参加活动的学生能对发生在自己生活周围的事有更多的感受和思考，他们可以从舞台表演中更加深刻感受到自己或同学践行社会主义核心价值观对心理健康促进的意义，从而更加关注自己的心理健康，认同社会主义核心价值观。

社会主义核心价值观渗透心理健康教育活动内容，可以结合高校学生们关注度比较高的问题，或者是高校学生普遍存在的心理健康相关的问题，隐性地开展社会主义核心价值观教育。可以让高校学生在参加活动时，既能收获心理健康知识，又能加深对社会主义核心价值观的认同。

第三节　社会主义核心价值观融入高校心理咨询中

社会主义核心价值观融入高校学生心理咨询中，主要是通过运用社会主义核心价值观指导心理咨询目标确立，引导咨询理论选取，贯穿心理咨询过程，彰显于心理咨询师的身体力行中。

一、高校心理咨询的特点、任务和内容

心理咨询是为来访者提供全新的人生经验和体验，帮助来访者认识自己与社会，逐渐改变不适应的应对方式，学会与外界相适应的应对方式，更好地发挥个人的内在潜能，更好地面对现实生活。具体而言，主要体现在促进自我反思并深化自我认识，察觉并管理自己的情绪压力，学会面对现实并付诸有效行动积极成长，体验并经营良好的人际关系，积极构建人生目标并发现人生的意义。高校学生心理咨询不同于医疗机构的咨询，也不同于社会机构的咨询，有其特定的任务和内容。

（一）高校心理咨询的特点及任务

高校心理咨询的特点，主要体现在咨询模式强调适应性和发展性，咨询任务主要是普及心理健康知识和提升学生心理调适能力，咨询对象自身解决问题的优势明显。

咨询模式强调适应性和发展性。高校心理咨询在关注心理问题时更强调高校学生的适应性和发展性。高校学生的心理咨询，主要是以适应

性和发展性为主，高校心理咨询师的任务，不仅是消除某些症状，还要以促进学生的全面发展为指导思想，帮助学生更好地适应学校乃至今后的生活为己任。这些往往是医疗机构和社会机构所忽视或者没有作为重点去做的工作。

咨询任务主要是普及心理健康知识和提升调适能力。心理咨询师要结合高校学生的特点，有针对性地宣传普及心理健康知识，帮助高校学生强化心理健康意识，优化心理品质，增强心理调适能力和社会生活适应能力，预防和缓解心理问题；帮助他们处理好人格发展、情绪调节、压力应对、自我管理、环境适应、人际交往、交友恋爱、学习成才、求职择业、危机预防等方面的困惑和问题，提高健康水平，促进全面发展。社会主义核心价值观的融入，虽然不是心理咨询的任务，但是却隐含在心理咨询的目标的实现中，融入心理困惑和问题的解决过程里。尤其需要心理咨询师通过澄清、识别、教育等方式对来访者求助问题与社会主义核心价值观的关联性适时进行干预。

咨询对象自身解决问题的优势明显。高校心理咨询的对象主要是正处在青春期的大学生或者研究生，他们的心理问题或者心理困惑主要与他们的人生发展阶段密切相关。他们的诉求不仅在于症状的解决，如何适应今后学习和生活发展的需要更是他们关注的内容。同时，无论是大学生还是研究生，他们的知识文化水平都比较高，在处理自己的心理问题时，有更高的积极性和主动性，可供咨询师调动的内在资源相对丰富。与一般的社会人员相比，这些是明显的优势。高校学生处在价值观塑造的关键时期使得社会主义核心价值观的引领特别重要，而高校学生作为心理咨询对象的特殊优势，使得在高校心理咨询中有效融入社会主义核心价值观成为可能。

（二）高校心理咨询的内容

一般认为高校学生心理咨询的内容主要包括"发展性咨询，适用性咨询、障碍性咨询和心理危机干预四个方面"[①]。由于心理危机干预在高校

---

① 沈德立.大学生心理健康[M].北京：高等教育出版社，2013：50.

心理健康教育中发挥着特殊作用，因此在后文中专门阐述，这里着重论述以下三个方面的内容。

1. 发展性咨询

这类咨询对象无明显心理冲突，基本适应环境，主要是希望开发自己潜能并能做出更好选择的来访者。发展性心理咨询主要帮助来访者更好地认识自己和社会，充分开发心理潜能，增强适用能力，提高自我生活质量，促进全面发展。最常见的是学业咨询和职业咨询。学业咨询主要是帮助高校学生加深对高校教育的认识，规划学业发展，增强学习兴趣，优化时间管理，改进学习方法，丰富学习技巧，提升学习成效。择业咨询主要是帮助学生客观评价自我，发现自身特点优势，规划未来职业发展，开发职业发展兴趣，学习求职方法技巧，提高择业能力成效。

2. 适应性咨询

这类咨询的对象基本健康，但在生活中有各种烦恼。适应性咨询的目标是帮助学生消除不良症状，调试不良情绪，调整不合理认知，减轻心理压力，提高适应能力，学习新的行为习惯，拓展思维模式，开发自身潜能。高校学生常见的适应性咨询与他们承受的心理压力是密切相关的，主要有学习成绩不理想带来的焦虑，陷入失恋痛苦和人际关系不和谐而苦恼，对未来发展不知所措而自我认知失调等。

3. 障碍咨询

障碍咨询的对象是存在不同程度心理障碍的来访者，即存在程度不同的非精神病性心理障碍、心理生理障碍者。障碍咨询的目的在于帮助来访者克服心理障碍、缓解痛苦症状、宣泄消极情绪，缓解心理压力，改变错误观念，确立合理的思考方向和方法，指导来访者进行有效的自我调控，激发来访者的自愈机制与潜能，帮助来访者重新建立和谐人际关系、胜任的工作能力、良好的社会适应行为。

社会主义核心价值观融入发展性咨询和适用性咨询，主要是融入来访者心理困惑和心理健康问题相关的内容之中，而融入障碍性咨询则更加需要心理咨询师践行社会主义核心价值观。

二、指导高校心理咨询目标的确立

心理咨询的目标是多方面的，不同流派的心理咨询具有不完全相同的目标，不同学者对于心理咨询的目标也不一致。

（一）心理咨询的目标

一般而言，心理咨询的目标可以分为终极目标和具体目标，终极目标是具体目标的升华，具体目标是终极目标的体现。心理咨询的具体目标是根据来访者的具体心理问题确定具体咨询目标。马建青教授认为心理健康教育的具体目标是多种多样的，如"克服社交障碍，解决失眠困难，纠正不合理的观念，改善学习心态，调节人际关系，改变不良行为习惯，或更好地了解自己的气质、性格、能力等"[①]。具体目标涉及高校学生在自我适应、情绪管理、学习、生活、人际交往、恋爱、择业等方面的困惑或问题。"心理健康教育的终极目标则是促进心理的全面健康和发展，充分实现人的潜能，达到人格完善。"[②]终极目标是促进个体的人格健康成长，自主性增强，自我完善，帮助来访者认识自我，提升自信，激励自我，享受人生。

（二）社会主义核心价值观融入心理咨询具体目标中

心理咨询的具体目标，是针对每一位来访者的具体情况在每一个咨询阶段制定的目标。这些问题主要是适应和发展性的问题，因此有学者提出，"心理咨询应当以提高学生的心理素质，促进学生人格的完善成熟，促进学生自身潜能充分发挥，使其人生获得更好发展为目标。"[③]社会主义核心价值观融入具体目标，就是结合不同来访者的具体情况以及同一来访者在不同咨询阶段的情况将社会主义核心价值观细化和具体化，

---

① 马建青.高校心理健康教育与思想政治教育结合 30 年的研究 [M].杭州：浙江大学出版社，2017：114.

② 马建青.高校心理健康教育与思想政治教育结合 30 年的研究 [M].杭州：浙江大学出版社，2017：114.

③ 蔺桂瑞.高校心理咨询的生成与发展 [J].思想教育研究，2002（7）：30.

用社会主义核心价值观引导来访者去提升适应能力，增强学习动力，建立和谐人际关系，明确职业目标。

（三）社会主义核心价值观融入心理咨询终极目标中

心理咨询的终极目标既是在具体目标的实现过程中逐步呈现，也是在具体目标实现后逐步落实的。社会主义核心价值观融入心理咨询的终极目标，首先是在具体目标中就已经体现了；其次是要通过咨询中的作业，让来访者通过总结、反思、感悟和改变行动的实践提高来访者对自身问题解决时对社会主义核心价值观的践行。最后，可以将社会主义核心价值观的内涵与来访者想要实现的成长目标进行对接，提高社会主义核心价值观对具体问题的"解释力"，增强来访者对社会主义核心价值观的"信服力"，并转化成带头示范的"行动力"。

三、引导高校心理咨询理论的建构

心理咨询理论体系庞杂，内容繁多，其中精神分析、行为认知、人本中心等仍是占主导地位的重要理论。本书主要阐述社会主义核心价值观融入心理咨询上述主要理论的部分内容中。

（一）社会主义核心价值观融入精神分析理论

社会主义核心价值观融入精神分析理论中，主要是通过融入这些理论进行中国化建构以更好地适应高校心理咨询工作的开展。

1. 融入阿德勒的个体心理学

阿德勒认为人的行为不取决于生物学意义上的性本能，而是由社会力量决定，人类问题均可主要归为职业、社会和性。其中，职业和社会直接蕴含着社会主义核心价值观倡导的核心要义。阿德勒指出，心理健康的人往往有浓厚的社会兴趣，善于互助合作，有健康的生活风格和正确地解决问题的方法，在《生命对你味什么》中，他指出，"生命的意义在于奉献，对他人感兴趣，相互合作。"① 个人通过职业中的"敬业"精神对社会做出的贡献是对所处社会真挚的爱，而用"诚信""友善"的核心

---

① 阿德勒.生命对你意味什么[M].周朗，译.北京：国际文化出版公司，2000：6.

价值观及其指导的行为融入社会中更是有利于每个人的日常生活；个体对于同胞的爱是阿德勒倡导的重要内容，这也是我们社会主义爱国核心价值观的重要内涵。爱国核心价值观指导来访者投入实现中国梦的共同目标征程中其实就是对社会的更大的爱。

2. 融入社会文化学派的精神分析理论中

社会文化学派的精神分析理论特别重视文化的作用。埃里希·弗洛姆在《爱的艺术》中直言："如果说，爱是成熟的创造性人格中的一种能力，那么，就会得出这样的结论：生活在任何特定的文化中的人，其身上所具有的爱能力，是由这种文化对这个普通人的性格所产生的影响决定的。"[①]卡伦·霍妮在《我们时代的病态人格》中强调，"病态人格可以源自偶然的个人经验，也可以由我们所处的特殊文化环境造成。实际上，文化环境不仅为个人经验增加分量和色彩，而且最终决定了它们的特殊形式。"[②]价值观则是文化环境中的核心部分。因此，在使用他们的理论解释来访者的问题和困惑时，需要用社会主义核心价值观来进行进一步的引导，帮助来访者学习正确的认知和行为方式。

今天的心理咨询中所使用的精神分析理论更多的是由以上精神分析代表人物共同贡献的"综合精神分析"理论的方法与技巧，咨询师可以在实践中根据来访者的情况，结合个案成长需要的实际情况对社会主义核心价值观进行融合。

（二）社会主义核心价值观融入行为主义理论

社会主义核心价值观融入行为主义理论主要是体现在下面四个方面。

1. 融入行为模式习得中

帮助来访者习得符合社会主义核心价值观倡导符合的行为模式，促进心理健康。行为疗法强调人的心理问题是通过前期的学习获得，因此对来访者的心理问题与前期的经历和"学习"进行解剖和细化，找到其中不恰当的、与社会主义核心价值观倡导不相符的部分，在识别其中与

---

① 弗罗姆.爱的艺术[M].孙依依，译.北京：工人出版社，1986：74.

② 霍妮.我们时代的病态人格[M].刘丽，译.北京：台海出版社，2017：2.

来访者的心理问题相关之后，可以引导来访者通过学习社会主义核心价值观倡导的行为去改变甚至消除错误的行为模式。

2.融入环境分析利用中

通过分析来访者学习生活的环境因素来培育社会主义核心价值观，促进心理健康。行为疗法认为人是环境的产物。在进行行为治疗时，可以分析来访者的成长环境中有利于培育社会主义核心价值观的环境因素并作为咨询中的资源加以利用；寻找不利于其健康成长的有悖于社会主义核心价值观的环境因素加以消除或减少负面影响，在帮助来访者学习正确行为，消除错误行为的过程中引导他们践行社会主义核心价值观。

3.融入对多元文化的统领

行为疗法认为"人的发展受社会文化制约"，也即是说来访者的行为习惯的背后还有文化的因素。多元文化影响下的高校学生自身行为必然也更为复杂多样，与他们的心理障碍、心理问题和心理困惑有着千丝万缕的联系。在高校学生心理咨询中采取行为疗法时，尤其要注重将社会主义核心价值观中传承的中华优秀传统文化与新时代高校学生的发展需求相对接，进行创造性转化和创新性发展，让优秀文化和主流文化成为他们心理健康的主心骨，为他们的健康成长保驾护航。

4.融入具体方法中

行为治疗的基本方法有系统脱敏法、模仿学习法、角色扮演法、厌恶疗法和强化法等。其中，在模仿学习法、角色扮演法中都可以结合来访者的具体问题，有机融入社会主义核心价值观的行为方法和角色体验，让来访者在矫正异常行为、改变心理行为问题的过程中践行社会主义核心价值观。当然，由于每个来访者的心理问题不同，其所咨询的问题的成因各异，在行为疗法中践行社会主义核心价值观，也要尊重客观实际，尊重来访者的内在需求，适时融入。

（三）社会主义核心价值观融入合理情绪疗法

理性情绪疗法非常强调价值观在心理咨询中的作用。认知疗法的咨询方法主要包括五个方面：一是界定与情绪困扰有关的不合理信念；二是要求来访者为自己的信念辩护；三是证明不合理信念的谬误；四是协助来访者以合理的信念取代不合理的信念；五是教导来访者如何构建科学的符合逻辑的思维。社会主义核心价值观可以直接融入理性情绪疗法的具体方法中。

1.用社会主义核心价值观作为界定与情绪困扰有关的不合理信念的依据

"信念是指人们对自己的想法观念及其意识行为倾向，强烈的坚定不移的确信与信任。"①信念在认识过程上反映了个体基本的信仰世界观，即对"对基本的价值观、世界观等方面的信奉信仰"。可见价值观是信念的核心要素。认知疗法认为，来访者的障碍、问题或者困扰主要来源于不合理的信念，不同的社会文化里对识别信念的合理与不合理都有不尽相同甚至差异很大的价值观依据，这在社会心理学的诸多研究中都有体现。而在新时代，社会主义核心价值观必然是判断信念是否合理的客观标准。因此，在界定来访者与情绪困扰相关的不合理信念时，需要融入社会主义核心价值观。

2.帮助来访者用社会主义核心价值观证明不合理信念的谬误

合理情绪疗法的第三个方法是让来访者证明自身不合理信念的谬误。与谬误相对的是真理，是科学和正确的信念，这是来访者证明的重要依据。因此咨询师让符合来访者身份的社会主义核心价值观来证明自身信念的谬误性是符合该方法的恰当操作，也是在界定错误信念之后的进一步细化，其实是在对社会主义核心价值观的落细、落小、落实。

3.协助来访者以社会主义核心价值观指导的合理的信念取代不合理的信念

理性情绪疗法要达到的目的是让来访者学会合理的信念，并以此处理自己的心理困惑，形成合理的思维逻辑。咨询师可以在这个方法的使用中，细化社会主义核心价值观，并与来访者的需求对接，让他可以进一步深入理解社会主义核心价值观的丰富内涵及核心要义，不仅是用社

---

① 林崇德，心理学大辞典 [M].上海：上海教育出版社，2003：1431.

会主义核心价值观来消除当下的困扰，还能通过理性认知和情感认同自觉践行社会主义核心价值观，进而提高健康的心理素质。

上融入工作的开展需要咨询师结合来访者的情况对社会主义核心价值观的相关内涵进行阐释，以便来访者的深入理解和认同。

（四）社会主义核心价值观融入人本中心理论

社会主义核心价值观融入人本中心理论中，主要是融入心理咨询师的专业成长，融入理念的具体实践，融入理论的本土超越。

用社会主义核心价值观引领咨询师的专业成长。人本中心理论认为来访者自身有能力解决好自己的问题，只要良好的氛围和咨访关系即可。因此他们特别强调良好咨访关系的建立，对咨询师的态度、个人特质也特别关注，并将真诚一致、无条件的积极关注和共情能力列为核心条件。这与用"敬业""诚信""友善"的社会主义核心价值观引导咨询师有共同之处。敬业的咨询师才能真正热爱这份事业，才能发自内心地想要去对来访者积极关注和共情，"诚信"核心价值观里面包含着真诚，"友善"在心理咨询中正是无条件积极关注的核心要素。因此用社会主义核心价值观引领心理咨询师的专业成长是融入该理论的应有之义。甚至可以说，人本取向的心理咨询师在心理咨询实践中尤其是在高校心理咨询实践中要自觉培育和践行社会主义核心价值观。

将社会主义核心价值融入人本理念的具体实践。人本主义的咨询目标不仅是解决问题，而是帮助来访者实现内在的成长，这样他们就更能克服现在以及将来所要面对的困难。正是因为人本取向的治疗关心的不仅是眼前的问题，更有长远的发展。引导来访者健康成长是复杂的系统工作，核心要素就是引导他们主动培养适应社会发展需要的核心价值观。在新时代的中国，高校学生来访者要实现全面发展，就必须要自觉践行社会主义核心价值观。因此，人本取向的心理咨询师所秉持的理念与社会主义核心价值观高度一致。人本取向的心理咨询师使用的技巧中蕴含着价值观。人本取向的主要技巧得到了很大的认可，很多技巧被其他流派取向的咨询师所借鉴和使用。咨询师在"面质"时隐含的判断是非的价值观，在"分享、释义、鼓励"时难免会展现自身的价值取向，表达自己的价值观，这其实就是在对来访者进行潜在的影响。因此咨询师不仅要自觉践行社会主义核心价值观，还可以将社会主义核心价值观的内涵以及核心要义等通过以上咨询技巧对来访者产生积极影响。

以社会主义核心价值观为指导实现人本理论的超越。人本取向的心理咨询目标认为要让来访者经过咨询后，成为不断自我实现的人，"对经验保持开放性；信任自身；拥有内在评估标准；愿意继续成长。"[①]这一理论提出的"信任自身"是指人要更加诚实地面对自己，客观地分析自己，这与社会主义核心价值观的"诚信"倡导是完全一致的。同时，用"友善"的倡导来深化"诚信"的倡导更有助于个人接纳自己，"无条件关注"自己，能够更好地实现"对经验保持开放性"。因此，社会主义核心价值观融入人本取向理论是对该理论的本土化、中国化过程中的深化和发展。

四、贯穿于高校学生心理咨询的全程

贯穿心理咨询实践过程，是将社会主义核心价值观融入不同类型的心理咨询的具体实践中，切实用社会主义核心价值观引导不同需求的来访者减少困惑，健康成长，不断发展。

（一）社会主义核心价值观融入发展性咨询

社会主义核心价值观是为个体健康成长提供不竭动力的"中国心"。在发展性心理咨询中，咨询师的目标是帮助来访者更好地认识自己和所处的社会，并在适应社会的过程中更好发展自己。高校教师的咨询师和新时代高校学生双方都深受社会主义核心价值观的影响，都或多或少在所共同生活的校园里和所处的现实乃至网络社会中践行着社会主义核心价值观。在发展性心理咨询中，咨询师需要基于这种现实，激发来访者的爱国情怀，让他们认识到新时代青年高校学生的责任使命和历史担当，

---

① 科里.心理咨询与治疗的理论与实践（第八版）[M].谭晨，译.北京：中国轻工业出版社，2010：121.

进而充分开发心理潜能。咨询师身体力行地示范"真诚"的作用，让高校学生们客观面对真实的现实，看清自己的问题，运用拥有的资源，增强适应能力；咨询师还可以用"友善"的态度让高校学生来访者感受到"友爱"和"善良"的力量，优化人际关系，增进宿舍、班级、校园乃至社会和谐，进而提高自我生活质量。由于发展性咨询最常见的是学业咨询和职业咨询，咨询师可以让高校学生来访者实践"敬业"的核心价值观，用奋斗的姿态投入学习中，去优化个人的时间管理，尝试适合的学习方法攻克难题，丰富广泛学习技巧积极克服困难，全面提升学习成效。高校学生用"敬业"的态度促进全面发展。学业咨询主要是帮助高校学生加深对高校教育的认识，规划学业发展，增强学习兴趣，择业咨询主要是帮助学生客观评价自我，在大学期间结合自身特点不断发展自身优势，面对社会发展需求规划未来职业发展，在开发职业发展兴趣的同时，积极投身"两个一百年"的伟大征程中。实现全面发展的大学生，主动对接国家社会发展需求，其实就是最好的求职方法技巧，也一定能够提高择业成效。

案例：融入学习压力过大导致睡眠问题的处理中

某高校大二男生，19岁，经就医检查无身体健康问题，无家族精神病史。自述人际关系正常，每天正常上课，但最近1个月入睡困难，早醒，前来咨询。咨询师在充分共情和建立良好的咨访关系后，对他的部分感受进行正常化，告知来访者在大学阶段感受到学习压力大时比较普遍的现象，说明来访者时有积极进取的形态。经初步判断，该生失眠可能与学习压力太大有关。进一步咨询后发现，该生压力源是投入时间精力不足，自己有"不劳而获"的错误认知和价值观。在启发该生认识自己的问题之后，咨询师再和他一起分析当时每天的时间安排和投入学习的时间精力情况，结合他的实际，指导他制订详细的学习计划和作息时间表，从每天增加1小时的学习时间，并且每天通过微信反馈完成情况，每周检测学习效果，分析进步和要改进的方面，然后逐渐增加学习时常，慢慢帮助他通过自身努力减少压力源，进而减轻压力带来的问题，同时养成"笃学"的学习态度，内化"敬业"的价值观。第一次咨询时，咨询师还教授来访者练习睡前腹式呼吸法，帮助改善睡眠。经过2个月的咨询后，来访者每天有效投入学习时间可以保持在6个小时以上，期末考试取得了入学以来最好的成绩，睡眠问题自然得到了改善。咨询师在咨询小结阶段充分赋能，呈现他在咨询中展现出的辛勤付出，克服自身困难的勇气，在学习上充分的时间精力的投入深化他对"敬业"核心价值观的理解；肯定他在2个月的咨询中，言而有信地完成咨询作业，让咨询师也感受到了被信任，强化他对"诚信"价值观的认同；同时对于他在学习中主动与同学交往，并用自己所学和经验帮助后进同学，鼓励他继续践行"友善"的核心价值观，以不断优化人际关系，更好地成长。（说明，为遵循咨询伦理，该案例个人信息等部分内容经过改编）

（二）社会主义核心价值观融入适用性咨询

适应性咨询对象基本健康，主要是在生活中有各种烦恼。已有研究表明，高校学生的不良情绪、不合理认知、心理压力和适应能力等都与价值观密切相关。因此社会主义核心价值观融入适应性咨询中，本身就是在帮助高校学生因为错误价值观导致的错误认知带来的不良情绪，以及不适当的价值观导致错误的行为带来的心理压力，对社会及学校生活适应不良的问题。咨询师可以用社会主义核心价值观指导学生制定合适的目标，建立和谐的人际关系，发展良好的学习能力，适应学校生活，发展良好思维模式，不断开发自身潜能。

（三）社会主义核心价值观融入障碍性咨询

障碍咨询的对象是存在程度不同的非精神病性心理障碍者，心理咨询工作分为两个阶段。首先是对心理障碍和痛苦进行克服和缓解，主要的咨询方法还是以精神分析、行为疗法、认知疗法和人本疗法为主。可以根据来访者的不同情况进行不同方法的组合。这一阶段主要目的是减轻障碍以及缓解由障碍带来的痛苦，让他们对自身情况有客观的认识。当来访者的症状缓解、痛苦减轻之后，咨询进入发展咨询和适应咨询阶段，这也是障碍咨询的第二个阶段。这一阶段可以运用社会主义核心价值观引导来访者改变错误观念，结合原来症状及症状带来的痛苦，加深对于其中违背社会主义核心价值观所带来的不良后果的认识，进而进行有效的自我调控，确立合理的思考方法，激发来访者的自愈机制与潜能，重新建立和谐人际关系，逐渐养成或者恢复良好的社会适应行为。

五、彰显于高校心理咨询师的践行

心理咨询师是心理咨询中的主导，无论哪个取向的理论流派的理论都需要心理咨询师的具体实施。因此，社会主义核心价值观融入心理咨询中，最重要的就是心理咨询师的身体力行。

（一）心理咨询师要在心理咨询中自觉践行社会主义核心价值观

社会主义核心价值观融入心理咨询中，首先体现在咨询师要自觉践行社会主义核心价值观。"助人专业过程不免会受到助人专业人员所持价值观的影响，而助人专业人员的价值观也直接或间接地影响当事人，或产生交互的价值影响。"①首先，心理咨询师要有"爱国"情怀。要从促进高校学生的全面发展的立意和为中国特色社会主义培养建设者和接班人的高度真正用心理咨询服务于立德树人，开展心理咨询工作，而不能仅仅满足于来访者当下的障碍、问题或者困惑的解决。其次，心理咨询师要严于律己，做"敬业"的表率。这体现在他们以心理咨询的行业标准严格要求自己遵循行业规定和咨询伦理，以来访者的健康成长为己任，全身心地投入工作，对于遇到的困难问题积极寻求解决之道。再次，心理咨询师要有"诚信"的品质。心理咨询师要客观地面对自己的专长，扬长补短地帮助来访者，对于自己无法帮助的来访者及时转介；同时要真诚地面对来访者的需求，用专业知识科学客观地为他们减少痛苦和困惑。最后，心理咨询师要始终保持友善。心理咨询师的"友善"不仅体现在建立的咨访关系中，更体现在他能够对来访者进行"无条件接纳"，

---

① Schwehn. J, &Schau, C.G.(1992). Psychotherapy as a process of value stabilization. In M.T. Burke &J.G. Miranti (Eds.), Ethical and spiritual values in counseling(pp.67-73). Alexandria, VA: Association for Religious and Values in Counseling.

对他们在不同的咨询阶段遇到的问题用"友善"的态度和专业的知识去陪伴和引导，帮助他们实现成长。

（二）心理咨询师要结合咨询实践对社会主义核心价值观的丰富内涵进行落细落实的理论探索

目前，我国的心理咨询理论主要是借鉴西方的心理学理论，在咨询中遇到的问题，都不能简单地套用植根于西方文化的理论去理解和解决。心理咨询师践行社会主义核心价值观需要将社会主义核心价值观以及社会主义核心价值观蕴含的马克思主义中国化理论和中华优秀传统文化，融入源于西方的心理咨询理论和方法中。这既是对社会主义核心价值观丰富内涵的落细、落实，也是对心理咨询理论的本土化，是为丰富世界心理咨询理论贡献中国智慧和中国方案。

（三）心理咨询师要结合来访者的实际对社会主义核心价值观的丰富内涵进行针对性强的实践诠释

社会主义核心价值观融入心理咨询的关键环节在于咨询师与来访者在咨询实践中对社会主义核心价值观内涵的诠释和"重构"，便于来访者对社会主义核心价值观的理解、认同和践行，以促进来访者症状的缓解、问题的解决和全面发展。而每一位来访者的需求都不会完全一样，即便是同一个心理问题，由于来访者自身的成长经历、接受程度、理解能力等的差异，咨询师给予的解决方案也会不同。因此，这要求心理咨询师对社会主义核心价值观的阐释程度也不一样，需要咨询师在内化社会主义核心价值观和对其丰富内涵有创造性转化的基础上，结合西方心理学理论进行再诠释，真正用社会主义核心价值观引领来访者，促进他们健康成长和全面发展。

第四节　社会主义核心价值观融入高校心理危机干预

由于每个人都是以整个生命去应对和处理现实环境，因此个体心理上的困惑和危机并不只是心理本身的原因导致的，或者只是心理自身的危机导致的，而是整体性的生命自身遭遇困顿的一种表现，对心理危机的认识也必须立足于个体的整体生命。社会主义核心价值观融入心理危机干预，主要是浸润心理危机预防教育，贯穿心理危机干预过程，引领学生对生命意义的追寻。

一、浸润高校心理危机预防教育

（一）高校心理危机干预的四重保障

高校心理危机干预应坚持预防为主的原则，并主要通过全面预防、常规预防、重点预防和特别预防四重保障得以实现。

1. 全面预防

主要是通过心理健康课程和心理健康课外活动等及时开展心理健康知识的普及宣传工作，这是最全面的预防。

2. 常规预防

主要是充分发挥心理健康教育工作网络的作用，通过新生心理健康状况普查、心理危机定期排查、重要事件学生的重点关注等途径和方式，及时发现学生存在的心理危机情况。

3. 重点预防

现在高校普遍建立了对有较严重心理障碍的学生的重点关注台账，并根据心理状况及时加以疏导和干预。由于这个群体占比相对较高，隐蔽性较强，心理危机爆发可能性大，是高校心理危机预防的重点。

4. 特别预防

高校患精神疾病的学生所占比重非常少，但是他们确实受到了学校的特别关注。高校为患精神疾病学生的康复及康复后的跟踪关注也是高校开展心理危机预防工作的特殊的方面。心理危机干预"既要求向危机个体提供及时、必要和强有力的外界支持与帮助，又要十分重视挖掘个体自身应对危机的内在潜能。"[①]

（二）社会主义核心价值观融入心理危机的预防

心理危机预防的重点是加强生命教育。主要是加强个体对生命本质

---

① 朱美燕.大学生心理危机干预的发展趋向[J].教育评论，2011（2）：71.

的科学认识，对生命价值的正确理解，对生命意义的合理追寻。让个体能够珍惜生命、欣赏生命、追寻生命的价值，进而减少心理危机的发生，或者在心理危机发生时能够减少伤害，降低负面影响。社会主义核心价值观融入心理危机干预全面预防环节，与心理健康课程教学、第二课堂活动等紧密相关。除了普及心理健康知识之外，还要在心理危机的成因、表现和识别等方面进行专门的知识普及。其中，在全员参与的全面预防环节，就是要高校学生践行友善的社会主义核心价值观，主动关心身边的人，积极关注身边的特殊情况，用友善之心对待处于心理危机状态中的人。同时，让广大同学能够真诚地面对自己的情况，诚信地与自己的状态相处，尤其是当自己面对重要生活事件，或者遭遇重大生活变故时，能够具有真诚的勇气，而不需要歪曲或者投射的方式解决自己内心的冲突。其次是融入常规预防环节。在常规预防环节，要求参与相关工作的师生在排查时，充分发扬敬业精神认真排查和识别，确保符合重点关注的同学能得到应有的关注。再次是融入重点预防环节。相对于常规预防环节，重点预防环节的专业性要求比较高，不仅是发现问题，更要在适当的时候介入，为实质性地化解危机做准备。因此一般学校的心理咨询师有践行社会主义核心价值观的全面要求，不仅要有敬业的精神，又要有诚信的态度，还有友善的言行。最后是融入特殊预防环节。由于该环节的工作对象主要是对于患有精神疾病的学生的康复帮助，不仅要有专业的心理咨询人员的长期介入，更要有其所在班级同学和宿舍同学们的帮助。学生们能从专业的角度理解患者遭遇的心理问题，并用友善的言行举止帮助他重新回归正常的生活就显得特别有意义。

二、融入高校心理危机干预过程

社会主义核心价值观融入心理危机干预过程主要是通过三个方面实现的。首先是融入高校心理危机干预的体系的建构。在心理危机干预体系设置上，要体现对生命的珍爱和敬畏的原则，最大限度地将社会、医疗机构和学校的心理危机干预资源进行整合，竭尽全力，成功实现危机干预，这本身就体现了高校对社会主义核心价值观的践行。其次是融入高校心理危机干预专家团队的专业操作。心理危机干预是非常专业的工作，对心理危机干预专家团队和其中的心理咨询师都有极高的专业素养和心理承受能力的要求。社会主义核心价值观的融入，不仅直接体现在他们用敬业精神投入危机干预之中，尽量避免生命的危害，还体现在他们用诚信心态去与危机干预对象进行合理的共情，赢得干预对象的接纳和信任，更体现在他们在干预过程中用友善的态度让干预对象能够感受到来自另一个或者一群生命的温暖和关心，从而为成功干预奠定基础。最后是融入干预后期的处理。由于处于危机事件中的个体基本上处于极端情绪之中，最需要的是接纳和安抚，需要充分尊重和无条件接纳危机当事人对事情的认知及其背后的价值观，而不能做评价和道德分析，这是"价值中立"。但是，当危机干预对象脱离危险环境和危险行为之后，需要对干预对象因为错误的价值观引起的认知和行为进行社会主义核心价值观的引导。

三、引领高校学生对生命意义的追寻

心理危机的善后非常重要，它既使预防干预对象重新回到干预事件的影响中，又是帮助干预对象从痛苦中寻找意义，重新迈向人生新征程的重要环节。研究发现，"心理危机之所以成为危机并不是当事人遭遇的事情本身，而是当事人对所遭遇的事情的认知和判断，根本上是特定的价值观。"[①] 因此，在危机解除之后，让当事人彻底摆脱危机，获得自我成长就必须要进行价值引导，帮助其改变不当的价值观和认知态度，促进生命的成长。社会主义核心价值观融入心理危机干预后，主要体现在对生命意义的追求。人的生命是有限的、短暂的，人的精神和信仰具有超越有限生命的无限性。正是由于生命的有限性，人才追求精神和信仰的无限性，用对生命意义的追求来弥补自然什么的有限。人的精神追求，

---

① 章周炎，汪丽华.生命教育视域下大学生心理危机的干预策略 [J].浙江传媒学院学报，2012，19（3）：120.

表现为对理性、情感、道德、信仰、价值的追求。社会主义核心价值观的融入，对大学生的精神追求提供指引和理性的判断；可以增强个人对团队、群体、集体、国家以及民族的感情联结，可以提供公民道德、职业道德等的参照，可以进行共产主义信仰和中国特色社会主义共同理想的指引，以及提供当今中国社会最广泛的价值遵循。"人是能够为他的理想与价值而生，甚至能够为他的理想与价值而死的[①]。"社会主义核心价值观，可以为遭遇心理危机的高校学生提供崇高的人生追求和科学的价值遵循，从而让他们更好地面对生活。

案例：融入有较高自杀风险学生心理危机干预

某高校大一女生，付泽仁，18岁，班长，身体健康，无家族精神病史，独生子女，父母关系融洽，家庭氛围和谐，父母对来访者宠爱有加。因学校心理咨询中心筛查发现该生有强烈的自杀念头，主动预约该生咨询。

该生自述每天回到宿舍就有窒息感，跟父母讲，得到的安慰聊胜于无；和中学的闺蜜谈，对方也给不出好的建议，整个人感觉非常无助，失眠1个月，感觉活得很艰难，确实有好几次自杀的念头，并且明确告诉咨询师已经到校园内的一处高楼实地考察过2次，都因为舍不得父母没有实施。

经过深入咨询后发现，主要原因可能是宿舍人际关系紧张导致。事情的概要是该生作为班长太负责任，严格管理班级，但是在人际交往上方法不恰当，让原本配合自己工作的宿舍同学对自己有误会和怨恨，在宿舍不愿意跟自己说话，而其他五个人（六人宿舍）则有说有笑，让来访者觉得自己就是多余的。

由于该生原来的生活环境优越，成长过程中几乎没有感受过人际关系方面的挫折和压力，同时远离父母，被父母支持的感觉也有所减弱，一时间找不到合适的解决方案，百思不得其解导致失眠，逐渐发展到认知狭隘，有了极端的想法。

咨询师首先真诚地对来访者的坦诚给予肯定，在对来访者的难受、

---

① 弗兰克.活出意义来[M].赵可式，译.北京：生活·读书·新知三联书店出版社，1991：83.

委屈、痛苦、无助等情绪进行充分共情之后，引导来访者进行情绪宣泄和充分表达。在此基础上，咨询师引导来访者回顾事件发生之前宿舍关系的状态，让来访者感受到被友善对待，并重新从中获得力量；帮助来访者分析导致后来变化的原因，真诚地和来访者探讨改善宿舍人际关系以及构建和谐人际关系需要改进的方面，让来访者看到事情的转机和改善的可能性；对她"敬业"地做班长表示肯定，并引申到对她的能力的肯定；等到来访者逐渐开放自己之后，和来访者探讨她的生命观，她与父母的联结以及她原来读大学的目标和人生梦想，引导她结合自己的兴趣爱好和社会发展需求做职业生涯规划，重新找回生活的希望；最后来访者主动提出不会再做傻事了，想按照咨询中的方法回宿舍和同学好好聊聊，争取化解矛盾，如果一时半会儿解决不了，自己也会将时间精力投入学习生活的其他方面，毕竟生活中还有很多美好；来访者主动约定后续咨询，想学习人际沟通的技巧以及生涯规划的细节。

因判断该生原来自杀风险较高，可以适用保密例外原则。咨询师在咨询结束之后将案例报告了学校心理咨询中心，并通过心理咨询中心告知了辅导员，由辅导员去宿舍了解情况，并协助解决宿舍矛盾问题。

后来按照计划完成了4次咨询，进展顺利。该生与同学关系恢复正常，工作积极，学习上进。咨询师在半年后随访时，该生表示，自己最大的收获是与人为善的重要性，同时感谢自己在最无助的时候，得到了咨询老师的全然接纳和真诚帮助，让自己可以重回正轨；后来自己在生活中也一直友善待人，真诚地交往，尽职尽责地工作，大学生活很美好。

（说明，为遵循咨询伦理，该案例个人信息等部分内容经过改编）

结束语

社会主义核心价值观融入心理健康教育，既是社会主义核心价值观在高校落细、落小、落实的客观需要，也是心理健康教育本土化的"主观"诉求。原计划通过本书客观呈现当下高校心理健康课程、心理健康教育实践活动、心理咨询等对社会主义核心价值观融入的需求，和融入的具体内容进行深度阐释，结合既有模式对融入的具体路径进行分析，但是个人能力有限，学识浅薄，对社会主义核心价值观融入心理健康教育的研究只能抛砖引玉。

社会主义核心价值观是中国特色社会主义建设实践中客观存在的核心价值本身的反映，随着实践的深入，其内涵也必然不断丰富。这要求在进行社会主义核心价值观融入时，既要抓住它的绝对性和稳定性，着重于原原本本地学习和宣传好这 24 个字，同时又要认识到，"今后随着我们的事业发展和认识进展，对'社会主义核心价值观'的凝练还可能会有新的收获和突破。"[①]因此，社会主义核心价值观融入心理健康教育也是一个持久和深入的过程，这在客观上也使得我在研究的过程中，不断丰富有关内容，也必将要求我在今后的研究和实践中不断推进。

由于个人能力和文章篇幅所限，本书主要从社会主义核心价值观融入的客观视角进行了分析，对于融入之后促进中国特色心理健康教育模式的构建着力不够。在分析社会主义核心价值观融入心理健康教育时，也主要立足高校学生的实际来开展论述的，其中并没有细致地区分"双一流"高校和一般高校学生的区别，也没有对同一学校的不同学科专业

---

① 刘建军."社会主义核心价值观"的三种区分[J].思想理论教育导刊，2015（2）：72.

的学生特点进行有针对性的融入并细化讨论。这些恰恰是我今后在实践过程中需要认真思考和不断完善的问题。

通过此次研究，我深知作为高校心理健康教师，不仅要摒弃对心理健康教育中"价值中立"观念的刻板印象，更要站在培养中国特色社会主义建设者和接班人的高度做好新时代的心理健康教育工作。想要实现"育心与育德相统一"，就要帮助学生认识到，"无论什么时候，我们都要坚守在中国大地上形成和发展起来的社会主义核心价值观，在时代大潮中建功立业，成就自己的宝贵人生。"①

---

① 中央文献研究室.习近平谈治国理政[M].北京：外文出版社，2014：5.

致　谢

　　我出生在安徽太湖县的一个小村庄，父母都是淳朴的农民，家里有一个懂事且能干的妹妹。由于爷爷去世早，父亲 16 岁就开始当家，是村里精明能干，为人正派，办事公道的代表。村里很多人家的婚丧嫁娶都会请父亲帮忙张罗，家长里短和解不开的疙瘩，都会请他帮忙理论是非。很多时候父亲都能让双方笑逐颜开地各自过上安生的日子。母亲任劳任怨，乐善好施，备受村里妇孺称道。我从小到大对此习以为常，从未思考过她是怎么做到的。结婚之后听我爱人评价说，"老妈真是情商高手"，我才恍然大悟——那是因为她心里总是真诚地装着身边的人，并力所能及地给予关爱。

　　可能是受父母的影响，从小到大我都很容易赢得别人的信任，并听到很多他们内心深处的话语。当然，这还与我从初中开始一直到大学，辍学外出打工补贴家用的妹妹与我保持一个月一封信的高频率沟通密不可分。工作之后，我才知道有心理咨询师这个职业，然后渐渐地对它产生了兴趣。心理咨询和心理健康教育始终是我学术生涯关注的重点。得益于桂林理工大学牟艳娟教授的指导，从读研究生开始，我就明确了这一研究方向，开始了相关的研究工作，也取得了一些研究成果，后来成功地成为教育部首批辅导员访问学者，到浙江大学访学。但是由于各种原因，我的研究视野不够开阔，研究思路也比较狭窄，很多时候局限于实践工作中表层问题的探索，对相关理论问题的思考缺乏深度。

　　我对这一领域真正开始学术思考，则是在我进入浙江大学攻读博士学位，并且遇到了恩师马建青教授之后。马老师是我国心理健康教育领域公认的专家，知名学者。但是他始终非常谦卑地尊重我的感受、我的思考、我的选择和我的追求。甚至我的博士论文选题都是马老师在跟我

209

充分讨论之后，让我自己确定的。他结合我的选题，利用各种机会督促我阅读，引发我思考，启发我研究，最终确定了现在的题目。从开题答辩论证，到之后的论文撰写过程中，我遇到疑问时总能得到老师的启发和指引。我的论文第一次初稿提交是在临近 2020 年春节的时候，老师牺牲了自己的休息时间和陪伴家人的时间，无数次细致、耐心地对我进行指导。经常交流起来就忘记了时间，到凌晨 1 点之后更是常有的事情。虽然我的学位论文还有很多方面需要完善，离老师的预期还有不少差距，但我在论文写作的过程中充分感受到了老师一贯严格要求和精益求精的治学态度，和他身上散发的"求实创新"的精神。这种态度和精神也是我的宝贵财富。

我的学术成长也得益于浙江大学浓厚的学术研究氛围和丰富的学术研究资源，与浙大马院老师们无微不至的关心和和帮助更是密不可分。尤其是得到了刘同舫教授和代玉启教授诸多关心、启发和指导，让我倍感温暖。浙大马院 2015 级的博士同学们给我的鼓励、帮助和欢乐持续了我的整个读博生涯，即便他们很多人早我毕业离校，这种情谊和欢乐也一直在持续。读博过程中，我杭州的好友和合肥的老同学经常激励和鞭策我前行，让我的社会支持系统能量充沛；读博期间，我经常在桂林和杭州之间奔波，得到了桂林理工大学领导尤其是宣传部叶昊部长和同事们给予的特别关照，让我心存感激。问卷调查和个案访谈在设计和实施过程中得到了全国 29 个省、自治区、直辖市很多心理健康教育前辈和同仁们无私的帮助和诚挚的指导，你们的支持是对我开展研究的莫大鼓励！十分感谢！

学术研究需要静心沉淀，也要安心积累。给我提供这份安宁的是来自我家人无怨无悔的付出。爱人为了支持我脱产读书，放弃了热爱的教育事业，退回家庭照顾孩子。父母也离开故土家园，来桂林帮助照顾孩子和我们的生活起居。我读博的那一年，欣玥才上小学低年级，我博士毕业时她也开启了初中新生活，欣琳也上了幼儿园，她已踏上美好的求知之旅；而在我的这本专著即将出版之时，爱人硕士毕业了，欣玥考上了自己喜欢的高中，欣琳也要做一年级的小学生了，我们在求知的路上会一起前行。

我深知博士毕业其实只是新的学术征程的开始。我将继续在学术上"求是创新"，用实际行动回答竺可桢老校长给我们提出的第二个问题，不辜负马老师的教导和浙江大学的培养。

参考文献

[1] 中共中央马克思恩格斯列宁斯大林著作编译局.马克思恩格斯全集：第1卷[M].北京：人民出版社，2006.

[2] 中共中央马克思恩格斯列宁斯大林著作编译局.马克思恩格斯全集：第42卷[M].北京：人民出版社，2006.

[3] 中共中央马克思恩格斯列宁斯大林著作编译局.马克思恩格斯文集：第3卷[M].北京：人民出版社，2009.

[4] 中共中央马克思恩格斯列宁斯大林著作编译局.马克思恩格斯选集：第1卷[M].北京：人民出版社，1995.

[5] 中共中央马克思恩格斯列宁斯大林著作编译局.马克思恩格斯选集：第2卷[M].北京：人民出版社，1995.

[6] 中共中央马克思恩格斯列宁斯大林著作编译局.马克思恩格斯选集：第4卷[M].北京：人民出版社，1995.

[7] 中共中央文献研究室.毛泽东选集：第1卷[M].北京：人民出版社，1991.

[8] 中共中央文献研究室.毛泽东文集：第2卷[M].北京：人民出版社，1993.

[9] 中共中央文献研究室.邓小平文集：第2卷[M].北京：人民出版社，1993.

[10] 中央文献研究室.习近平谈治国理政[M].北京：外文出版社，2014.

[11] 中央文献研究室.习近平谈治国理政：第2卷[M].北京：外文出版社，2018.

[12] 中央文献研究室.习近平谈治国理政：第3卷[M].北京：外文出版社，2020.

[13] 中共中央宣传部 . 习近平新时代中国特色社会主义思想三十讲 [M]. 北京：学习出版社，2018.

[14] 中共中央宣传部 . 习近平总书记系列重要讲话读本 [M]. 北京：人民出版社，2016.

[15] 朱熹 . 四书章句集注 [M]. 北京：中华书局，1983.

[16] 钱铭怡 . 心理咨询与心理治疗 [M]. 北京：北京大学出版社，1994.

[17] 黄希庭，张进辅，李红，等 . 当代中国青年价值观与教育 [M]. 四川：四川教育出版社，1994.

[18] 江光荣 . 心理咨询与治疗 [M]. 合肥：安徽人民出版社，2001.

[19] 邱美华，董华欣 . 生涯发展与辅导 [M]. 北京：心理出版社，1997.

[20] 李学勤 . 十三经注疏：礼记正义 [M]. 北京：北京大学出版社，1999.

[21] 陈秉公 . 思想政治教育学原理 [M]. 沈阳：辽宁人民出版社，2001.

[22] 钱穆 . 论语新解 [M]. 北京：生活·读书·新知三联书店，2002.

[23] 张岱年 . 文化与价值 [M]. 北京：新华出版社，2004.

[24] 张耀灿，郑永廷，吴潜涛，等 . 现代思想政治教育学 [M]. 北京：人民出版社，2006.

[25] 梁宝勇 . 精神压力、应对与健康：应激与应对的临床心理学研究 [M]. 北京：教育科学出版社，2006.

[26] 孙正聿 . 崇高的位置 [M]. 长春：吉林人民出版社，2007.

[27] 李虹 . 健康心理学 [M]. 武汉：武汉大学出版社，2007.

[28] 孟万金 . 积极心理健康教育 [M]. 北京：中国轻工业出版社，2008.

[29] 吴亚林 . 价值观教育 [M]. 北京：北京师范大学出版社，2009.

[30] 侯钧生 . 西方社会学理论教程 [M]. 天津：南开大学出版社，2010.

[31] 马建青 . 大学生心理危机干预的理论与实务 [M]. 杭州：杭州出版社，2011.

[32] 沈德立 . 大学生心理健康 [M]. 北京：高等教育出版社，2014.

[33] 冯刚，郑永廷 . 思想政治教育学科 30 年发展研究报告 [M]. 北京：光明日报出版社，2014.

[34] 牛格正，王智弘 . 助人专业伦理 [M]. 台北：心灵工坊文化事业股份有限公司，2014.

[35] 林以正.中庸理论深入探讨外柔内刚的中庸之道：实践具自主性的折中原则 [M].北京：社会科学文献出版社，2014.

[36] 卡尔.积极心理学（第二版）[M].丁丹，译.北京：中国轻工业出版社，2015.

[37] 郝贵生.大学生学习理论与方法 [M].北京：人民出版社，2010.

[38] 刘晓明.视域融合：心理教育中的价值问题研究 [M].长春：东北师范大学出版社，2015.

[39] 马建青.大学生心理健康教程 [M].杭州：浙江大学出版社，2015.

[40] 田鹏颖.社会主义核心价值观七论 [M].北京，社会科学文献出版社，2015.

[41] 潘柳燕.心理健康教育的价值承载研究 [M].北京：科学出版社，2016.

[42] 马建青.高校心理健康教育与思想政治教育结合 30 年的研究 [M].杭州：浙江大学出版社，2017.

[43] 施剑飞，骆宏.心理危机干预实用指导手册 [M].宁波：宁波出版社，2018.

[44] 阿德勒.自卑与超越 [M].黄光国，译.北京：作家出版社，1986.

[45] 弗罗姆.爱的艺术 [M].孙依依，译.北京：工人出版社，1986.

[46] 弗兰克.活出意义来 [M].赵可式，译.北京：生活·读书·新知三联书店出版社，1991.

[47] 阿德勒.生命对你意味什么 [M].周朗，译.北京：国际文化出版公司，2000.

[48] 弗洛伊德. 弗洛伊德心理哲学 [M].杨韶刚，译. 北京：九州出版社，2003.

[49] 路桑斯.心理资本 [M].李超平，译.北京：中国轻工业出版社，2008.

[50] 弗罗姆.生命之爱 [M].王大鹏，译.北京：国际文化出版公司，2007.

[51] 罗伯特.菲尔德曼心理学与我们 [M].黄希庭，译.北京：人民邮电出版社，2009.

[52] 马斯洛.动机与人格 [M].许金声，译.北京：中国人民大学出版社，2012.

[53] 霍妮.我们时代的病态人格 [M].刘丽，译.北京：台海出版社，2017.

[54] 科里 . 心理咨询与治疗的理论及实践（第八版）[M]. 谭晨，译 . 北京：中国轻工业出版社，2010.

[55] SUE D, SUE D W, SUE S. Understanding abnormal behavior[M]. New York: Houghton Mifflin company, 2000.

[56] BRATHWAITE A. Measures of personality and social psychological attitudes[M]. San Diego, CA: Academic Press, 1990.

[57] LAZARUS R S. Patterns of adjustment and human effectiveness[M]. New York: McGraw-Hill, 1969.

[58] ROGERS C R. A tentative scale for the measurement of process in psychotherapies[M]. New York: Free Press, 1961.

[59] ROLEACH M. The nature of human values[M]. New York: Free Press, 1973.

[60] HITLIN S, PILIAVIN J A. Values:reviving a dormant concept[J]. Annual of Review Sociology, 2004.

[61] Krum B. The career beliefs inventory[J]. Journal of counseling and development, 1994.

[62] ROGERS G. Toward a modern approach to values: The valuing process in the mature person[J]. Journal of abnormal and social psychology, 1964.

[63] ROKEACH M. Beliefs, attitudes, and values[J]. San Francisco: Jossey-Bass, 1968.

[64] RUTH D C, PATRICIA B F, GUY C. Developing an effective lifelong learning inventory: the EL-LI Project[J].Assessment in education principles policy & practice, 2004.

[65] SCHWARTS H. Toward a universal psychological structure of human values[J]. Journal of personality and social psychology, 1987.

[66] 杨宜音 . 社会心理领域的价值观研究述要 [J]. 中国社会科学，1998（2）：12.

[67] 王深 . 价值观冲突的心理学分析 [J]. 当代青年研究，1999（5）：13-15.

[68] 陈华 . 心理咨询中价值干预的有关问题 [J]. 内蒙古师大学报（哲学社会科学版）2000（4）：108-111.

[69] 汪新建，熊世育.评介罗杰斯"个人中心疗法"的哲学基础 [J]. 自然辩证法研究，2001（9）：8-11，19.

[70] 刘华山.心理健康概念与标准的再认识 [J]. 心理科学，2001（4）：480-481.

[71] 蔺桂瑞.学校心理咨询中的价值观教育 [J]. 教育研究，2001（12）：34-37.

[72] 陈旭，张大均.心理健康教育的整合模式探析 [J]. 教育研究，2002（1）：71-75.

[73] 侯玉波，朱滢.文化对中国人思维方式的影响 [J]. 心理学报，2002（1）：106-111.

[74] 杨德森.中国传统人生价值观与健心疗心笔谈：道家处世养生法在减除精神应激中的作用 [J]. 现代大学教育，2002（6）.

[75] 林崇德.积极而科学地开展心理健康教育 [J]. 北京师范大学学报（社会科学版），2003（1）：31-37.

[76] 郑莉君.关于心理咨询和心理健康教育中国化的思考 [J]. 心理科学，2003（1）：162-163.

[77] 崔景贵.学校心理教育的基本理念及其建构 [J]. 思想理论教育，2003（1）：65-67.

[78] 赵冰洁.对来访者中心疗法的"价值中立"的思考[J].西南大学学报（社会科学版），2003（4）：49-52.

[79] 丁立平.论心理健康教育的价值观干预 [J]. 现代大学教育，2004（1）：89-93.

[80] 郭凤志.价值观教育应把握好的三个问题 [J]. 思想理论教育导刊，2004（2）：59-62.

[81] 韩辉.关于价值干预与价值中立的讨论[J].中国心理卫生杂志，2004（4）：286.

[82] 石国兴.我国心理健康教育的辩证唯物主义思考[J].教育科学，2004（3）：126-134.

[83] 曾屹丹.价值观冲突对心理健康的影响 [J]. 渝西学院学报（社会科学版），2004（4）：90-91，98.

[84] 龚成，曾兵．价值观多元化条件下的大学生心理健康教育 [J]. 中国健康教育，2005（9）：690-692.

[85] 景怀斌．儒家式应对思想及其对心理健康的影响[J].心理学报,2006(1)：126-134.

[86] 熊建生．大学生思想政治教育内容体系的科学构建 [J]. 思想理论教育导刊，2006（2）：29-33.

[87] 王泽兵，孙加秀，盛锦．大学生职业生涯规划的困境与出路 [J]. 中国青年研究，2007（2）：17-19，62.

[88] 佘双好．心理健康教育何以成为思想政治教育的研究领域 [J]. 马克思主义研究，2007（3）：89-93，98.

[89] 庞彤彤．论价值观教育与心理健康教育相关性及其实践意义 [J]. 中国青年研究，2007（3）：15-18.

[90] 陈静，周丽．社会主义核心价值观基本内涵探要 [J]. 马克思主义研究，2007（6）：85-88.

[91] 彭永新，郑日昌．职业生涯信念内涵、作用及其影响因素的研究进展 [J]. 教学研究与实验，2007（6）：57-60.

[92] 刘翔平，曹新美．给心理健康教育注入积极心理学因素 [J]. 教育研究，2008（2）：90-94.

[93] 胡凯．试论构建我国大学生心理健康教育体系的指导思想和基本原则 [J]. 思想理论教育导刊，2008（4）：82-85.

[94] 佘双好，卢爱新．探索基于思想政治教育的大学生心理健康教育模式 [J]. 学校党建与思想教育，2008（5）：13-16.

[95] 代俊．大学生心理危机干预机制本土化探析 [J]. 思想理论教育，2008（13）：84-86.

[96] 黄定华．大学生心理健康教育规律探索[J].湖南师范大学教育科学学报，2009，8（1）：103-106.

[97] 杨中芳．传统文化与社会科学结合之实例：中庸的社会心理学研究 [J]. 中国人民大学学报，2009，23（3）：53-60.

[98] 叶一舵．论高校心理健康教育与思想政治教育的有效互动 [J]. 思想理论教育导刊，2009（7）：108-111.

[99] 童辉杰，杨雅婕，梁世钟. 传统价值观接受程度及其对心理健康的影响 [J]. 中国健康心理学杂志，2010，18（1）：105-109.

[100] 朱美燕. 大学生心理危机干预的发展趋向 [J]. 教育评论，2011（2）：70-73.

[101] 史济纯，陈玉民. 大学生心理健康教育存在的问题与对策 [J]. 教育探索，2011（5）：148-149.

[102] 李扬，钱铭怡. 心理咨询师与治疗师的价值观及对伦理事件决策的影响 [J]. 中国心理卫生杂志，2011，25（12）：890-896.

[103] 石书臣. 当代中国的文化格局及其发展导向 [J]. 道德与文明，2012（2）：105-110.

[104] 毛晋平，杨丽. 大学生的积极人格品质及其与学习适应的关系 [J]. 大学生教育科学，2012（4）：38-42.

[105] 林逢春，陈晓雁，谭洁英. 西方国家生命教育的现状、特点及启示 [J]. 思想教育研究，2012（9）：101-104.

[106] 王伟，辛志勇，雷雳. 大学生价值观与其应对方式、心理健康的关系 [J]. 中国人民大学教育学刊，2012（4）：91-99.

[107] 那日苏. 社会主义核心价值观与大学生心理健康研究 [J]. 前沿，2013（1）：42-44.

[108] 邓斌，杨艳. 社会主义核心价值观融入全民教育全过程探究 [J]. 学校党建与思想教育，2013（4）：56-58.

[109] 全莉娟，卓潇，姚本先. 学校心理咨询工作中的价值问题 [J]. 中国卫生事业管理，2013（8）.

[110] 顾海良. "大德"的弘扬、践行和遵循 [J]. 思想理论教育导刊，2014（7）.

[111] 赵迎华. 新时期大学生生命教育的内容、现状及策略探析 [J]. 思想理论教育导刊，2014（9）：136-138.

[112] 张凡迪，范立国. "90后"大学生社会主义核心价值观认同程度及其对心理健康的影响 [J]. 沈阳大学学报（社会科学版），2014，16（5）：677-680.

[113] 沈壮海. 爱国、敬业、诚信、友善：公民的价值准则 [J]. 湖北社会科学，2014（10）：177-180.

[114] 费从军. 马克思主义人学视域下社会主义核心价值观探析 [J]. 求实，2015（1）：40-46.

[115] 王琰. 将社会主义核心价值观融入高校立德树人全过程的五个维度 [J]. 思想理论教育导刊，2015（1）：124-127.

[116] 冉亚辉. 论社会主义核心价值观基本内容的理论内涵与伦理意义 [J]. 理论月刊，2015（2）：164-167.

[117] 刘建军."社会主义核心价值观"的三种区分 [J]. 思想理论教育导刊，2015（2）：70-73.

[118] 李文阁. 论社会主义核心价值观的形成、内涵与意义 [J]. 北京师范大学学报（社会科学版），2015（3）：5-13.

[119] 陆波，方世南. 马克思交往理论视域下多元文化价值观冲突的调适之道 [J]. 学习论坛，2015，31（3）：56-59.

[120] 冯刚. 狠抓落实，扎实推进，深入实施"大学生心理健康素质提升计划"[J]. 学校党建与思想教育，2015（7）：4.

[121] 张宝强. 将社会主义核心价值观融入高校意识形态建设的五个维度 [J]. 思想教育研究，2015（5）：62-65.

[122] 林磊，陶思亮，王群. 大学生心理健康状况调查与分析：以上海高校为例 [J]. 思想理论教育，2015（5）：89-92.

[123] 于红. 社会主义核心价值观融入高校思政课教学实践研究 [J]. 思想理论教育导刊，2015（6）：70-72，105.

[124] 柳礼泉，陈方芳. 社会主义核心价值观融入日常生活探析 [J]. 思想教育研究，2015（7）：43-46.

[125] 杨业华，沈雅琼，许林青. 社会主义核心价值观之敬业探析 [J]. 思想理论教育导刊，2015（10）：62-66.

[126] 艾国，刘艳. 从四个维度把握社会主义核心价值观之友善的内涵 [J]. 思想理论教育导刊，2015（10）：56-61.

[127] 周琪. 社会主义核心价值观融入高校思想政治理论课的三个转向及实现 [J]. 思想教育研究，2015（12）：34-37.

[128] 甘玲．社会主义核心价值观有效融入"基础"课的方法与路径 [J]．思想理论教育导刊，2016（2）：80-82.

[129] 张桂华，姚冠新，沈晓梅，等．将社会主义核心价值观教育融入学生党建 [J]．中国高等教育，2016（5）：30-32.

[130] 佘双好．中国高校心理健康教育模式的生成与发展 [J]．学校党建与思想教育，2016（7）：27-31.

[131] 段善君．发挥价值导向功能优化大学生心理健康教育 [J]．思想教育研究，2016（4）：102-105.

[132] 易小兵．马克思主义进步观：社会主义核心价值观的前提 [J]．理论月刊，2016（4）：10-14，45.

[133] 虞崇胜，叶长茂．社会主义核心价值观与人类共同价值 [J]．中共中央党校学报，2016，20（2）：54-60.

[134] 汪盛玉．社会主义核心价值观的人学之维：基于马克思主义人学思想的视角 [J]．教学与研究，2016（5）：56-61.

[135] 李志飞，孙明哲．社会主义核心价值观融入国民教育的战略意义 [J]．思想理论教育导刊，2016（6）：94-98.

[136] 李波．正确认识社会主义核心价值观与中国传统文化的继承和创造性发展关系 [J]．思想教育研究，2016（7）：74-78.

[137] 李河水．简论儒家文化对"爱国敬业诚信友善"价值观的涵育 [J]．学校党建与思想教育，2016（15）：37-38，42.

[138] 俞国良，李天然．社会转型中青少年心理健康的结构与特点探索 [J]．西南民族大学学报（人文社会科学版），2016，37（8）：191-196.

[139] 武光路．社会主义核心价值观如何融入大学生心理健康教育 [J]．中国党政干部论坛，2016（11）：106-108.

[140] 陈杰．弗洛姆对马克思人学思想的继承与发展 [J]．人民论坛，2016（35）：112-113.

[141] 刘一鸣．中美大学生学习能力比较及培养途径 [J]．教育理论与实践，2016，36（36）：62-64.

[142] 张富文．马克思恩格斯的人本思想及当代意义 [J]．理论探索，2017（4）：61-66.

[143] 李翔飞，王坚，朱晓玲等.走出大学生生命教育的多重困境：生命教育与传统文化的有机融合 [J].教育学术月刊，2017（4）：59-66.

[144] 李娟.社会主义核心价值观对传统文化的超越与升华 [J].人民论坛，2017（5）：132-133.

[145] 黄希庭.人格研究中国化之我见 [J].心理科学，2017，40（6）：1518-1523.

[146] 涂可国.儒家勇论与血性人格 [J].理论学刊，2017（4）：90-101.

[147] 马建青，石变梅.30年来高校思想政治教育对心理健康教育发展的影响探析 [J].思想理论教育，2018（1）：97-102.

[148] 吴亚子，徐町，陈婷，等.近年来我国大学生积极人格特质研究 [J].校园心理，2018，16（1）：46-48.

[149] 邱吉，朱舒坤.中国社会核心价值观变迁成因及启示 [J].教学与研究2018（2）：22-23.

[150] 马建青.大学生心理健康教育课程30年建设历程与思考 [J].思想理论教育，2016（11）：87-91.

[151] 杨耕.关于马克思价值理论的再思考 [J].江汉论坛，2018（11）：12-21.

[152] 王新刚.论中华优秀传统文化与社会主义核心价值观的内在契合 [J].思想理论教育导刊，2018（12）：76-81.

[153] 周丽洁.心理健康教育"价值中立"与"价值干预"的交织——兼谈心理健康教育的内在焦虑 [J].教育理论与实践，2018，38（17）：21-23.

[154] 龙永红，聂邦军，贝静雯.大学生学习力及其对学习收获的影响研究 [J].黑龙江高教研究，2019，37（1）：96-100.

[155] 朱书刚.新时代友善的价值内涵与实现路径 [J].学习与实践，2019（2）：40-47.

[156] 项久雨.品读"00后"大学生 [J].人民论坛，2019（9）：112-114.

[157] 欧阳康，姜权权.当代中国马克思主义的使命与境界 [J].马克思主义与现实，2019（4）：37-42.

[158] 沈丹，李思婷，肖帅军，等．积极心理学视角下学习倦怠大学生的健康发展路径探析 [J]. 中国健康教育，2019，35（8）：765-767.

[159] 胡艳华，井影，曹雪梅．大学生职业决策自我效能感与就业力的关系：职业生涯规划的中介作用 [J]. 教育理论与实践，2019，39（12）：38-40.

[160] 李永菊．大学生学习价值观培育策略探析 [J]. 学校党建与思想教育，2019（23）：78-79，82.